<그리스도인이면 꼭 알아야 할 성경 지식>

성경에 등장하는

전쟁의 역사 II

서울솔로몬학교 성경연수원

차 례

이 책에 인용된 성경 구절은 〈한글킹제임스성경〉입니다.

제1과
파라오의 군대를 전멸시킨 모세

『이때에 모세와 이스라엘 자손들이 **주**께 이 노래를 노래하고 고하여 말씀드리기를 "내가 **주**께 노래하리니 주께서 영광스럽게 승리하셨음이요, 말과 그 탄 자를 바다 속으로 빠뜨리셨음이라』(출 15:1).

영광스러운 탈출

"카나안 땅"의 기근을 피해 "이집트"로 들어온 야곱과 그의 아들들은 목축하기에 가장 좋은 "고센 땅"에 정착했다(창 47:6). 시간이 흘러 이집트의 "중(中)왕국 시대"가 제13,14왕조 때 막을 내리고, 왕국이 분열되고 붕괴되면서 "외부로부터" 침략해 들어온 "힉소스인들"(앗시리아인들)이 제15,16왕조 때 이집트를 지배했다. 말하자면 『**요셉을 모르는 새 왕**』(출 1:8)이 일어나 이집트를 다스리기 시작한 것인데, 이후로 이스라엘 백성들은 극심한 고난을 겪으며 노예들로 전락하게 된다(출 1장).

그런 와중에 하나님께서는 그들을 출애굽시킬 구원자로 "모세"를 부르셨고(출 2-4장), 그들이 이집트를 떠나지 못하도록 막아섰던 완고한 파라오와 이집트에 "열 가지 재앙," 곧 ① "나일 강의 물을 피로 바꾼 재앙," ② "개구리 재앙," ③ "이의 재앙," ④ "파리 떼 재앙," ⑤ "가축들에 임한 전염병," ⑥ "종기의 재앙," ⑦ "우박의 재앙," ⑧ "메뚜기 재앙," ⑨ "어두움의 재앙," ⑩ "첫태생의 죽음"을 내리셨다(출 5-12장). 이 열 가지 재앙은 국가적인 차원의 "대재앙"(출 10:7)이었을 뿐 아니라, 이집트의 모든 "신들을 향한 심판"이기도 했다(출 12:12).

"마지막 재앙"으로 이집트의 첫태생들이 죽던 그날 밤, 이스라엘은 "라메세스"를 떠나 이집트를 영광스럽게 탈출했고, "숙콧"으로 여행하면서 출애굽 여정을 시작했다(출 12:37). 그리고 숙콧에서 "비터 호수" 남쪽을 지나 호수 끝, 곧 광야 끝에 있는 "에담"으로 내려가서 진을 쳤다(출 13:20).

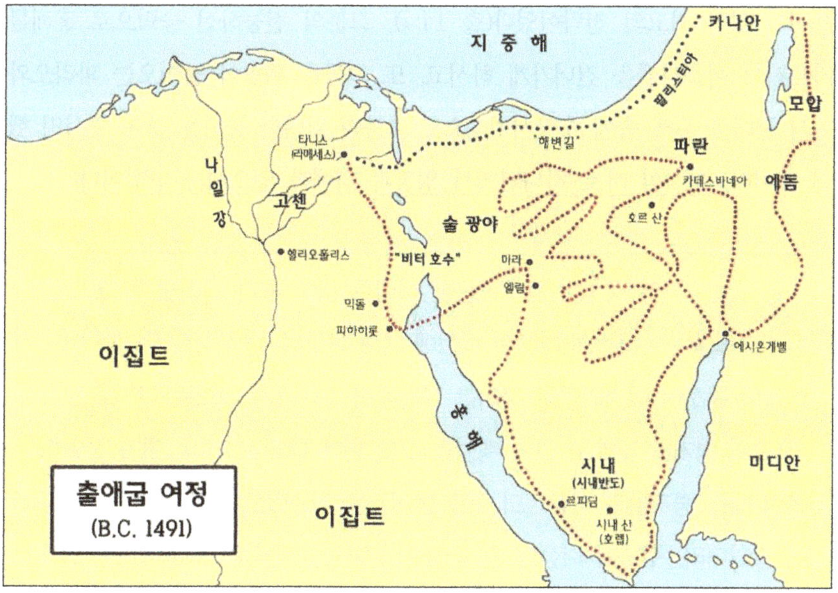

위대한 역사 : 홍해가 갈라지다!

아래 "시내 산" 쪽으로 방향을 잡은 이스라엘은 광야 끝 "에담"에서 "홍해"를 따라 곧장 시내 산으로 내려갈 수 있었다. 굳이 홍해를 건너지 않아도 되었던 것이다. 그런데 하나님께서는 "인간적인 견지"에서는 도저히 이해할 수 없는 명령을 내리셨다. 『**주께서 모세에게 일러 말씀하시기를 "이스라엘 자손들에게 말하여 그들로 돌아서**[turn] **바알스폰 맞은편 믹돌과 바다 사이 피하히롯 앞에 진을 치게 하라. 너희는 피하히롯 앞에서 바닷가에 진을 칠지니라**』(출 14:1,2). 이것은 "인간적인 견지"에서 보면, 이스라엘 백성으로 하여금 "혼란에 빠져 광야에 갇힌 상태"(출 14:3), 곧 "독 안에 든 '쥐' 신세"가 되게 하는 명령이었다. 그러나 "하나님의 견지"에서 보면, 하나님께서 이집트의 군대 위에서 영예를 얻으시기 위한 최고의 전략이었다(출 14:4). 그분의 전능하신 능력으로 홍해를 가르시어 이스라엘을 건너가게 하시고, 또 그들을 뒤쫓아 들어오는 파라오와 그의 군대를 홍해 속에 수장시키심으로 그분의 위대한 능력을 보여 주시려 했던 것이다. 이것이 바로 하나님께서 영광과 영예를 얻으시는 방법이다!

『백성이 도주했음을 이집트 왕이 듣자 파라오와 그의 신하들의 마음이 백성에 대해 변하여 말하기를 "우리가 어찌 이같이 행하여 이스라엘로 우리를 섬김에서 떠나가게 하였는가?" 하고 그가 그의 병거를 갖추고 그의 백성을 그와 함께 데리고 가니, 그가 선별한 육백 대의 병거들과 이집트의 모든 병거들을 거느렸으며 병거마다 대장들이 맡았더라. **주**께서 이집트 왕 파라오의 마음을 완악하게 하시므로 그가 이스라엘 자손들을 뒤쫓으나 이스라엘 자손들이 의기양양하게 나갔더라. 그러나 이집트인들이 그들을 뒤쫓으니, 곧 모든 말들과 파라오의 병거들과 그의 기병들과 그의 군대라. 바알스폰 맞은편 피하히롯 곁 바닷가에 진을 치고 있는 그들에게 다다르니라』(출 14:5-9).

이스라엘 자손들을 내보냈던 파라오는 마음이 다시 완악해졌다(출 14:4). 이에 그는 특별히 선발한 600대의 병거들과 이집트의 모든 병거들을 거느리고 이스라엘 백성들을 추격했다. 이러한 파라오의 완악한 마음에 대해 "피터 럭크만" 목사는 이렇게 말했다. "주목하라! '죄'는 '광기'다. 파라오는 미쳤다. 출애굽기 10:7에서 보듯이, '이스라엘'은 분명 파라오의 전체 왕국에 파괴를 가져왔지만, 파라오는 아직도 미련을 버리지 못하고 그들을 되찾아오기를 원했다. 죄는 광기다. 파라오는 자신의 아들이 죽었음에도(출 12:30), 어떻게 그렇게 빨리 출애굽기 5-12장('열 가지 재앙')을 잊어버렸단 말인가?"

한편 대병력을 이끌고 진군해 오는 파라오의 군대를 본 이스라엘 백성들은

<u>극심한 두려움을 느꼈다</u>. **『파라오가 가까이 다가올 때 이스라엘 자손들이 눈을 드니, 보라, 이집트인들이 그들에게로 진군해 오는지라, 이스라엘 자손들이 심히 두려워하며 주께 부르짖었더라』**(출 14:10). 앞에는 홍해가 가로막고 있고, 뒤에는 파라오의 군대가 뒤쫓아 오고 있었으니, 그야말로 사면초가였다. 결국 그들은 모세에게 온갖 불만을 쏟아 냈다. **"우리를 가만히 놔두지, 왜 괜히 이집트에서 끌고 나와 이 광야에서 쓸데없이 죽게 만드느냐! 여기서 죽느니, 차라리 이집트로 돌아가 노예로 다시 사는 게 더 낫겠다!"**(출 14:11,12).

이스라엘 백성이 출애굽한 이후 "첫 번째 불평"이 터져 나왔다. 이 불평 이후로 그들은 40년간의 광야 생활 내내 끊임없이 불평하게 된다. 그래서 "불평"은 일종의 "습관"이다. "불평"은 힘들고 불편한 상황에 직면할 때마다 무조건 그 상황을 부정적으로만 받아들이려 하는 "나쁜 습관"이고, 감사를 모르는 자들의 "쓸데없는 넋두리"이다. 사실 불평하는 대부분의 이유는, 현재 직면하고 있는 문제를 감당하기가 너무 어려워서라기보다는, 그 문제를 받아들이는 그 사람의 마음이 너무 좁아져 있고, 또 하나님을 신뢰하는 믿음이 너무 적기 때문이다.

<u>진정한 그리스도인은 어떤 어려운 상황에서도 불평거리보다는 감사할 제목을 찾고, 불평을 쏟아 놓기보다는 하나님께 도움을 구하기 위해 기도의 무릎을 꿇는다</u>. 또한 극심한 절망 속에서도, "안 된다고, 힘들다고, 포기하고 싶다고, 옛날로 돌아가고 싶다고" 불평하기보다, 방법을 찾기 위해 구하고, 찾고, 두드리면서 지혜를 구하고, 그것도 안 되면 하나님께 피할 길을 보여 달라고 간구한다.

이제 불평하는 백성들 앞에서 "모세"는 위대한 일을 이루실 하나님의 구원을 담대하게 선포한다. **『모세가 백성들에게 말하기를 "너희는 두려워 말고 가만히**

서서 주께서 오늘 너희에게 보여 주실 주의 구원을 보라. 너희가 오늘 본 이집트인을 다시는 영원히 보지 못하리라. 주께서 너희를 위하여 싸우시리니 너희는 가만히 있을지니라." 하더라』(출 14:13,14). 싸우시는 분은 주 하나님이시기에 그들이 해야 할 일은 오직 주님만을 신뢰하는 것이었다. **『가만히 서서 주께서... 보여 주실 주의 구원』**(출 14:13)과 위대한 역사를 기다리는 것이 "진정한 믿음"이다.

모든 고난과 어려움 속에서 우리를 구원하실 수 있는 분은 온 우주에서 "위대하신 하나님" 한 분밖에 없다. 환난과 역경 속에서 우리의 기도를 들으시고 우리를 도우실 수 있는 분은 "주 하나님" 한 분밖에 없다는 사실을 믿어야 한다(시 50:15, 렘 33:3). 그러므로 모세의 위대한 선언처럼 어떤 상황에서도 "두려워하지 말아야" 한다. 또한 하나님께 모든 짐을 맡기고 "주님을 온전히 신뢰해야" 한다. "가만히 서서 위대하신 주 하나님의 구원을 목도해야" 하는 것이다! 이제 하나님께서는 모세에게 다음과 같이 명령하신다.

『**주**께서 모세에게 말씀하시기를 "너는 어찌하여 내게 부르짖느냐? 이스라엘 자손들에게 말하여 앞으로 나아가게 하고 너는 네 막대기를 들어 네 손을 바다 위로 뻗쳐서 그것을 가르라. 그리하면 이스라엘 자손들이 바다 가운데를 통과해서 마른 땅 위를 가리라. 내가, 보라, 내가 이집트인들의 마음을 완악하게 하리라. 그러면 그들이 백성들을 따라가리니 내가 파라오와 그의 모든 군대와 그의 병거들과 그의 기병들 위에서 영예를 얻으리라. 내가 파라오와 그의 병거들과 그의 기병들 위에서 영예를 얻고 나서야 이집트인들은 내가 **주**인 줄 알게 되리라." 하시니라』(출 14:15-18).

모세가 하나님의 명령대로 막대기를 들어 손을 바다 위로 뻗치자, 강한 동풍

이 불어 바다가 뒤로 물러나더니 바다 한가운데에 길이 갈라져 마른 땅이 생겼다. 물은 좌우로 엄청나게 큰 벽을 형성했다(출 14:21,22). 그리고 그 길 한가운데로 이스라엘 백성들은 담대하게 가로질러 나아갔다. 이때 마음이 완악해진 파라오와 그의 군대가 이스라엘을 추격하여 "바다 중간"까지 따라 들어갔다(출 14:23). 주님께서 그들을 불안하게 하시고, 병거의 바퀴들을 빼셔서 그들로 하여금 힘겹게 몰고 가게 하시자, 그들은 이스라엘을 도우시는 하나님 앞에서 심히 두려워했다(출 14:24,25). 하지만 이제 와서 "돌이키기에는" 너무 늦어 버렸다!

모세가 다시 바다 위로 손을 뻗치자, 벽을 형성하고 있던 그 물이 파라오와 그의 모든 군대를 덮치더니 그들을 완전히 수장시키고 말았다(출 14:26-28). **실로 "위대한 구원"이요, "위대한 승리"였다!** 이스라엘 백성들은 바닷가에서 이집트인들의 시체를 보았다(출 14:30). **단 한 명의 이집트인도 그 물에서 빠져나오지 못했고, 그들을 박해하고 괴롭힌 파라오도 더 이상 보이지 않았으니, 실로 "위대한 심판"이었다!** 이 위대한 구원의 역사를 목격한 이스라엘 자손들은 "하나님"을 두려워하고 "주님과 그분의 종 모세"를 믿을 수밖에 없었다(출 14:31).

"세실 B. 드밀"이 만든 「십계」라는 영화에서는 파라오가 이스라엘 자손들을 추격한 후에 다시 이집트로 돌아온 것으로 묘사한다. 이것은 완전히 거짓말이다. 세실이 그렇게 묘사한 이유는 무엇인가? 세속 역사에서는 출애굽기에 등장하는 파라오를 "람세스 2세"로 오해하기 때문이다. 람세스 2세의 시신은 이집트의 매장 관습에 따라 미라로 만들어져 현재 "카이로 박물관"에 남아 있다. 그러나 파라오가 홍해 속에 수장되었다면 그의 시신을 찾지 못했을 것이고, 설령 찾았다 해도 익사체로 남겨진 미라이어야 한다.

홍해가 갈라지고 이스라엘 백성들이 그 바다를 완전히 건넜을 때, 이스라엘에게는 새로운 역사가 시작되었다. 출애굽 사건의 의의가 하나님께서 이스라엘을 구별된 민족으로 세우시는 것이니만큼, 그들은 바다를 사이에 두고 그들을 노예로 삼았던 왕국에서 철저히 분리되어야 했다. 이처럼 이스라엘 백성들은 단순히 홍해 위쪽의 갈대숲이 많은 늪지대라든지, 해변 근처를 지나간 것이 아니었고, 분명히 홍해를 건넜다. 그런데 앞에는 홍해가 있고, 뒤에는 적이 쫓아오고 있는 상황에서 주님만을 바라보기란 쉬운 일이 아니다. 그러나 위대한 일을 행하실 주 하나님을 온전히 신뢰하는 것만이 문제를 해결할 수 있는 유일한 열쇠다. 따라서 위기의 순간에 직면하면, ① 절대 두려워해서는 안 되고, ② 주저앉아 낙심해 있어서도 안 되며, ③ 오직 가만히 전열을 가다듬고 서서 주의 구원을 볼 수 있는 믿음을 견지해야 한다. 왜냐하면 싸우시는 분은 "주 하나님"이시기 때문이다. **『주는 나의 힘이요 노래시며, 주는 나의 구원이 되셨도다. 주는 나의 하나님이시니 내가 주께 처소를 예비하겠으며 내 조상의 하나님이신 주를 드높이리로다. 주는 전사시요, 주는 그분의 이름이로다』**(출 15:2,3).

NOTES

NOTES

제2과

믿음의 함성으로 무너진 여리코 성

『그리하여 제사장들이 나팔을 부니 백성들이 소리질렀더라. 백성들이 나팔 소리를 듣자 큰 소리로 소리를 지르니 성벽이 완전히 무너져 내린지라. 백성들이 각자 자기 앞으로 곧장 성읍으로 들어가서 그 성읍을 취하니라』 (수 6:20).

저주받은 성읍 "여리고"

저주받은 성읍 "여리고"는 여호수아와 백성들이 카나안 땅에서 가장 먼저 정복해야 할 성읍이었다. 요단강 서쪽 약 8km 떨어진 지역에 위치해 있고 해발 2,400m의 평원에 자리 잡은 "여리고"는 카나안 땅에서 가장 큰 성읍 중 하나로, 철옹성처럼 견고한 요새였다. 면적 9,850여 평에, 주위를 견고하게 두른 성벽은 두께가 2-3m인 외벽과 내벽의 "이중 구조"로 되어 있고 높이는 약 18m이다. 당시는 성 안에 식량을 충분히 비축할 수 있는 "추수 때"였기에(수 3:15), 그 안에서 성문만 굳게 걸어 잠그고 있으면 적들의 어떤 파상공세에도 몇 년이고 버틸 수 있었다. 성읍을 공격하는 진영에서는 "공성전"이 불가피했지만, 인류의 역사와 전쟁을 주관하시는 하나님께서는 유사 이래 사용된 적이 없었던 "놀랍고 위대한 전략"으로 그 성읍을 함락시키셨다.

■ 새롭게 깨달았거나 적용할 내용이 있다면 적어 보세요. ■

여리코 전투의 필승 전략

『그때 여리코는 이스라엘 자손들로 인하여 굳게 닫혀 있어, 아무도 나가거나 들어가는 자가 없더라. **주**께서 여호수아에게 말씀하시기를 "보라, 내가 여리코와 그 왕과 힘센 용사들을 네 손에 주었으니, 너희 모든 전사들은 성읍을 에워싸고 성읍 주위를 한 번 돌되, 육일 동안 그리하라. 일곱 제사장은 일곱 양뿔 나팔을 들고 궤 앞에 가고 일곱째 날에는 너희가 성읍을 일곱 번 돌 것이며 제사장들은 나팔을 불지니라. 제사장들이 양뿔 나팔을 길게 불 때 너희가 그 나팔 소리를 들으면 모든 백성은 큰 소리를 지를지니라. 그리하면 그 성벽이 완전히 무너져 내리리니, 백성들은 각기 자기 앞으로 곧장 올라갈지니라." 하시니라』(수 6:1-5).

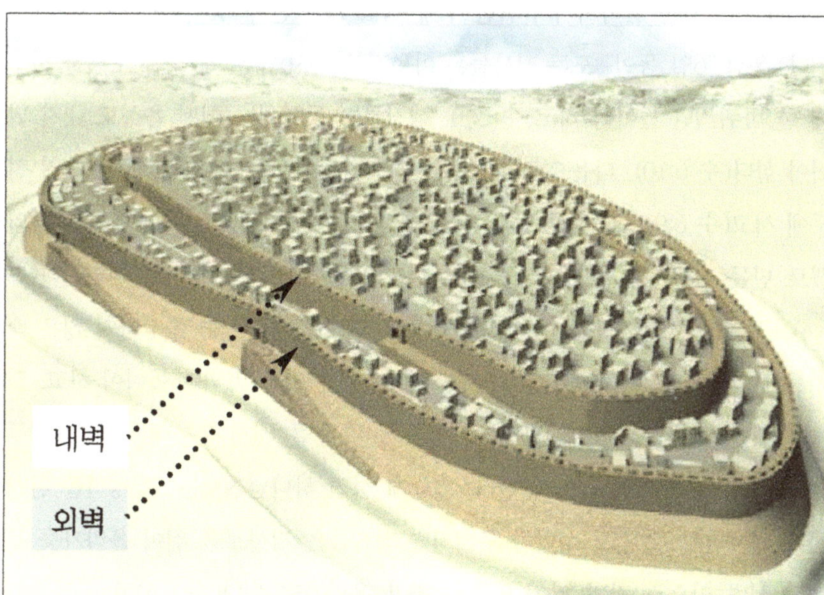

요새화된 성읍 안에서 성문을 굳게 걸어 잠그고 적들의 공격을 버텨 내는 것이 여리코 사람들의 전략이었다(요새나 성읍을 중심으로 하는 "수성전," 수 6:1). 전쟁이 "장기간"으로 돌입되면 승산이 있을 것이라 생각한 것이다. 이런 경우 보통은 "공성전"이 불가피하지만, "인간의 어떤 생각"보다 높은 생각을 갖고 계시는(사 55:9) 하나님께서는 이스라엘을 위해 "다른 위대한 전략"을 마련해 두셨다. 모든 전쟁을 주관하시는 분은 주 하나님이시며, 전쟁은 "주님께 속해" 있다(삼상 17:45-47). 그래서 주님께서는 전투가 시작되기 전인데도, <u>마치 여리코 성읍이 이미 함락된 것처럼</u> 여호수아에게 『**보라, 내가 여리코와 그 왕과 힘센 용사들을 네 손에 <u>주었으니</u>**[have given]』(수 6:2)라고 말씀하신다. 이것은 주님께서 그 사건이 이미 일어난 상황을 바라보고 계신다는 것을 의미하는데, 이것이 가능한 것은 영원부터 영원까지 살아 계시는 하나님께서는 시간에 구애받으시는 분이 아니기 때문이다. <u>**심지어 그 사건이 실제 일어난 미래 시점으로 미리 건너가 계실 수도 있다**</u>.

<u>**이제 여리코를 함락시키기 위한 구체적인 "전투 전략"과 "전투 계획"이 제시된다**</u>. 우선 "6일 동안" 모든 전사들은 아무것도 하지 않은 채 성읍 주위를 하루에 한 바퀴씩만 돌아야 하고(수 6:3), 행진하는 동안에는 어떤 음성도 내지 말아야 한다(수 6:10). 다음으로 행군하는 방법은, 칼로 무장한 사람들이 제일 선두에 서고(수 6:9), 그 뒤를 일곱 명의 제사장들이 따르는데, 제사장들은 "양의 뿔로 만든 나팔"(양 뿔 나팔)을 각각 한 개씩 손에 들고, 불면서 따라간다(수 6:4). 그 뒤로는 언약궤를 멘 제사장들이 따라가고, 후진에는 무장하지 않은 백성들이 따라간다(수 6:9). 그리고 "일곱째 날"에는 일곱 바퀴를 돌아야 하고, 일곱 바퀴를 다 돈 후에는 제사장들이 "양 뿔 나팔"을 길게 부는데, 그때 백성들은 일제히 큰 소리를 질러야 한다. 그렇게 하면 하나님께서는 그 성벽을 완전히 무너트리실 것이고, 성벽이 무너지면 백성들은 경사로를 뛰어 올라가듯 무너진 성벽 안으로 각자 자기 앞으로 곧장 올라가면 된다(수 6:5).

그렇다면 하나님께서는 "왜 이런 방법을 사용하셔서" 여리코 성읍을 무너트리려 하신 것인가? "전능하신 하나님의 전적인 능력"을 보여 주시기 위해서다. 인간의 능력이 완전히 배제된 상태에서 오직 하나님의 능력만 보여 주심으로, 이 전쟁이 하나님께 속해 있고 그 위대한 승리와 능력이 전능하신 하나님께로부터 온다는 사실을 온 이방 가운데 선포하고 싶으셨던 것이다(cf. 고후 12:9; 4:7).

백성들의 순종과 여리코 성읍의 붕괴

하나님의 명령대로 대오를 갖추며 "무장한 자들"이 선두에 섰는데(수 6:6-9), 이들은 르우벤, 갓, 므낫세 반 지파 출신의 무장한 자들로 그 수가 약 4만 명이었다(수 4:12,13). 또한 이스라엘 백성들은 주님의 명령대로 어떤 소리도 내지 않고 침묵 속에 행진했다(수 6:10). 중세 후반까지는 전쟁에서 적을 공격하기 전에 계속해서 북을 치고 고함과 비명을 지르며 행군하는 것이 군대의 일반적인 모습이었다. 이렇게 하면 적들에게 공포심을 심어 주고, 아군에게는 용기를 북돋워 주기 때문이다. 그러나 이스라엘 백성들에게는 그와 정반대의 명령이 주어졌다.

사실 백성들 모두가 "침묵하라는 명령"에 순종하는 일은 결코 쉬운 일이 아니었다. 특히 40년간의 광야 생활 내내 틈만 나면 불평했던 이스라엘 백성에게는 더더욱 어려운 일이었다. **하나님께서는 그런 백성들의 입을 다물도록 하셨으니, 그렇게 하지 않으면 여리코 성읍을 정복할 수 없도록 만드셨기 때문이다.** 백성들은 제사장들이 부는 "나팔 소리" 외에 어떤 소리도 내지 말고 행진해야

했다. 하지만 소리를 지르라는 신호가 떨어질 때는 반드시 소리를 질러야 했다. **『여호수아가 백성에게 명하여 말하기를 "내가 너희에게 소리지르라 명하는 날까지 너희는 소리지르지 말며 너희 음성으로 소리도 내지 말며 너희 입에서 어떤 말도 내지 말고 있다가 그후에 너희는 소리를 지를지니라." 하더라』**(수 6:10).

이런 "이상한 전략"과 "군사 행동"이(수 6:11-14) 여리코 사람들에게는 "극도의 긴장감"을 조성시켰을 것이다. 성문을 열고 나가 "기습 공격"을 감행하자는 제안이 있었을 법도 하지만, "이스라엘 백성에 대한 두려움" 때문에 감히 그 일을 실행하지는 못했다. 드디어 마지막 "일곱 번째 날," 평소와 달리 이스라엘 백성이 "일곱 번" 성읍을 돌자(수 6:15), "남다른 공포"가 그들에게 임했을 것이다. 그때 군대 대장 여호수아가 **『소리지르라. 주께서 너희에게 이 성읍을 주셨느니라.』**(수 6:16)라고 신호를 보냈다. 그러자 백성들은 제사장들의 나팔 소리와 더불어 일제히 소리를 질렀고, 여리코 성벽은 완전히 무너져 내렸다(수 6:20). **여리코가 완전히 무너질 수밖에 없었던 것은 그것이 "저주받은 성읍"이기 때문이었다(수 6:17)**. 저주받은 성읍이었기에 하나님께서는 은과 금과 놋과 철 기명들만을 주의 보물창고로 들이라 하셨고(수 6:19), 나머지는 철저히 파괴하고 죽이라고 하셨다. 어떤 탈취물도 취해서는 안 되었다(수 6:18). 그것은 저주받은 물건이었기 때문이다. **이 저주받은 물건을 취한 것이 탐심으로 가득 찬 "아칸"의 죄였고, "제1차 아이 성 전투의 패배 원인"이 되었다**.

한편 저주받은 여리코 성읍이 무너질 때 반드시 살려 줘야 할 사람들이 있었으니, 창녀 "라합"과 그녀와 함께한 모든 사람이었다(수 6:17,22-25). 여호수아 2장에서 "두 명의 정탐꾼"이 라합에게 맹세했던 서약을 지켜야 했던 것이다(수

2:12-21). **라합에게는 믿음이 있었다(히 11:31)**. 그녀는 자신이 한 약속에 대해 신실했고, 두 정탐꾼을 배신하지 않았다. 정탐꾼들을 탈출시키고 나서 곧바로 자신의 집 창문에 주홍색 줄을 매달아 놓았으며, 유대인들이 성읍을 뚫고 들어와 모든 여리코 사람들과 가축들을 진멸시킬 때 살아남게 되리라는 믿음도 있었다. 또한 "칠 일 동안" 계속해서 집 안에 머물며 밖으로 나가지 않았다. **특히 여리코 성벽이 무너질 때 다른 모든 성벽은 무너졌어도 라합의 집이 있는 그 성벽 부분만큼은 무너지지 않고 그대로 서 있었다**.

■ 여리코 성 함락에 관한 고고학적인 증거들 ■

1908년에 여리코 성읍에 대한 첫 발굴 작업이 이루어졌고, 1930년에는 영국의 고고학자 "존 가스탕"(John Garstang)이 6년여 동안 본격적으로 발굴하기 시작했다. 여리코 성읍은 식량만 풍부하면 몇 년이고 버틸 수 있는 "난공불락의 요새"였는데, 당시는 "추수 때"였기에(수 3:15) 성읍 안에는 식량이 충분히 비축될 수 있었고, 이를 입증해 주기라도 하듯 발굴 당시 찾아낸 항아리들 안에 곡식이 가득 들어 있던 정황이 발견되었다.

한편 성벽을 무너트릴 때, 군대가 성 밖에서 "공성 무기들"을 동원하여 무너트릴 경우 성벽은 안쪽으로 무너지는 것이 일반적이다. 그런데 여리코는 그와 같은 "공성전"을 통해 무너지지 않았기 때문에, 성벽이 안쪽으로 무너지지 않았다. 오히려 바깥쪽으로 무너졌다. 발굴 당시 여리코 성읍은 이중 구조로 되어 있는 성벽, 내벽과 외벽 사이 위에 걸쳐 있던 집들이 성벽 위에 있던 상태 그대로, 외벽이 내벽을 끌고 가듯 바깥쪽으로 무너진 정황이 발견되었다. 그래서 이스라엘 군대는 밖으로 넘어진 성벽의 돌무더기들을, 마치 완만한 경사로의 계단처럼 이용하여, 자기 앞으로 곧장 밟고 올라갈 수 있었을 것이다(수 6:5,20). 특히 1907-1909년의 독일 발굴 팀의 보고서에 따르면, 외벽과 내벽 사이에 걸쳐진 집들 가운데 오직 한 부분만이 무너져 내리지 않고 수직으로 그대로 세워져 있던 흔적을 발견했다고 하는데, 이것은 "라합"의 집이 위치한 성벽 부분이었음이 분명하다. 또한 이스라엘 백성들은 여리코 성읍을 불로 완전히 태웠는데(수 6:24), 이것 역시 발굴 당시에 발견된 숯과 재로 형성된 큰 지층, 불로 그을려진 성벽의 폐허들, 넘어진 성벽 주변에 완전히 타버린 흔적들로 입증이 되었다.

사람들은 이런 고고학적 증거들을 통해 여리코 성읍의 역사성을 인정하기 시작했는데, 이는 성읍이 무너진 지 3,380년 정도가 지난 후의 일이었다. 고고학은 결코 성경을 따라올 수 없다. 사실 이런 증거들이 발견되었다고 해서 성경의 확실성이 더해지는 것은 아니며, 발견되지 않았다고 해서 그 역사성이 퇴색되지도 않는다. 하나님의 말씀은 진리이기 때문에, 인간이 제시하는 외부적인 증거 없이 성경 자체의 증거만으로도 그 역사성은 충분하고 완벽하다. 그리스도인은 고고학적인 발견 유무에 관계없이 성경에 대한 믿음을 통해 가장 확실하고 무오한 증거들을 가질 수 있는 것이다.

여리코 성 전투에 관한 결론

『여호수아가 그때 백성들에게 엄명하여 말하기를 "이 여리코 성읍을 일으켜 세우는 사람은 **주** 앞에 저주를 받으리라. 그가 그 기초를 놓을 때는 그의 첫째 아들을, 그가 그 문들을 세울 때는 그의 막내 아들을 *잃으리라*." 하더라』(수 6:26).

이것은 여리코 성읍을 재건하는 사람에 대한 저주일 뿐 아니라, 예언이기도

한데, 실제로 이 예언은 그로부터 526년 뒤인 "아합 왕"의 시대에 그대로 성취되었다. 『**그의 시대에 벧엘인 히엘이 여리코를 건축하였는데 그가 그 기초를 놓았을 때 그의 첫째 아들 아비람을, 그가 그 문들을 세웠을 때 그의 막내 아들 스굽을** *잃었으니*, **눈의 아들 여호수아를 통해 하신 주의 말씀대로 되었더라**』(왕상 16:34).

『**이처럼 주께서 여호수아와 함께하시니 그의 명성이 온 땅으로 두루 퍼지더라**』(수 6:27). 여리코 성 전투는 대대로 기념이 될 만큼 위대한 승리를 낳은, 실로 "기념비적인 전투"였다. 이것은 약속의 땅에서 수행한 첫 번째 전투였고 이스라엘의 하나님의 완전한 승리였다. 장차 재림 때에 이방 민족을 완전히 멸하시고 그분의 완전한 왕국을 세우시려는 계획이 구체적으로 드러난 전투이기도 했다. 이 승리로 하나님의 위대하심은 온 이방 가운데 선포되었고, 이스라엘은 위대하신 하나님의 위대한 백성임이 온 천하에 드러나게 되었다. 여리코 성은 저주받은 성읍이었다. 저주받은 성읍은 멸망할 수밖에 없다. 우리가 살고 있는 이 세상 역시 저주받은 세상이다. 이 세상 역시 멸망할 수밖에 없다. 그렇다면 우리는 누구의 편에 서야 하겠는가? 『**너는 우리 편이냐, 우리의 대적 편이냐?**』(수 5:13) 세상인가? 하나님인가? 하나님을 신뢰하지 않는 모든 사람은 이 여리코 성읍과 여리코 사람들처럼 세상과 함께 멸망하게 될 것이다.

▪ 새롭게 깨달았거나 적용할 내용이 있다면 적어 보세요. ▪

NOTES

제3과

아이 성 전투의 실패에서 배우라

『그러므로 이스라엘 자손이 그들의 원수들 앞에 설 수 없었고 그들의 원수들 앞에서 그들이 등을 돌렸으니 이는 그들이 저주를 받았기 때문이라. 너희가 그 저주받은 것을 너희 가운데서 멸하지 아니하면 내가 다시는 너희와 함께 있지 아니하리라』(수 7:12).

승리 직후 찾아온 위기

전쟁에서 패배하기 가장 쉬운 때는, 적에게 승리한 직후라는 말이 있다. 승리감에 도취되어 쉽게 방심하기 때문이다. 여리고 성읍과 벌린 첫 번째 전투에서 대승을 거둔 후, 두 번째 전투를 앞둔 이스라엘에게 바로 그 위기가 찾아온다. 난공불락과도 같은 여리고 성을 정복하자 의기양양해진 이스라엘에게 아이 성 같은 작은 성은 주님의 도움 없이도 그저 힘으로 "밀어붙이면" 될 것처럼 보였다. 자기 신뢰, 인간의 지혜를 의지함, 인내심 결여, 기도의 부족에 더해 결정적인 위기의 씨앗이 뿌려지는 것을 보게 되는데 바로 아칸이라는 사람이 여리고 성 전투에서 하나님께서 금하셨던 일을 자행한 것이다.

아이 성 전투의 패배(수 7:1-5)

『이스라엘 자손이 저주받은 물건으로 범죄하였으니 이는 유다 지파 중 세라의 증손이요, 삽디의 손자요, 칼미의 아들인 아칸이 저주받은 물건을 취하였음이라. 이스라엘 자손에 대해 **주**의 분노가 일어났더라』(수 7:1).

하나님께서 저주받은 성읍의 저주받은 물건을 취하지 말라고 말씀하셨던 그 명령을 어기고(수 6:17,18) 여리코 성읍의 탈취물들을 몰래 취한 사람은 유다 지파에 속한 아칸이었다. 여리코 성읍은 저주받은 세상을 예표한다. 세상을 사랑하면 하나님과 원수가 된다(약 4:4). 아칸은 저주받은 세상을 사랑하여, 세상 죄를 몰래 가지고 들어와 숨긴 채 즐겼던 것이다. **여기서 그리스도인은 마귀가 지배하는 세상도 세상에 있는 것들도 사랑해서는 안 된다는 교훈을 얻을 수 있다(요일 2:15). 세상의 죄 가운데 있으면 저주받은 세상과 함께 정죄를 받게 된다(고전 11:32).**

그런데 1절 말씀을 보면 이스라엘 자손이 저주받은 물건으로 범죄했다고 말씀한다. 하나님께서는 아칸이라는 한 사람의 죄를, 이스라엘 민족 전체가 지은 것과 동일하게 보고 계신 것이다. 이는 범죄한 한 사람이 어떻게 자기가 속한 가정, 사회, 민족, 국가 나아가 전 세계에 영향을 끼치는지를 보여 주고 있다.

『지혜가 전쟁의 무기들보다 나으나 한 명의 죄인이 많은 선을 파괴시키느니라』(전 9:18). 『죽은 파리들이 약제사의 향유에서 악취를 내뿜는 것같이, 조그마한 우매도 지혜와 존귀로 평판이 있는 사람에게 마찬가지니라』(전 10:1). 『적은 누룩이 온 반죽을 부풀게 하느니라』(갈 5:9).

아담의 범죄로 세상에 죄가 들어오게 되었다. 로마서 5:12을 보면 온 인류가, 전 세계가 죄 가운데로 들어가게 되었고 사망이 모든 사람에게 전달되었다고 말씀한다. 한 사람의 죄가 온 인류, 전 세계에 영향을 미친 것이다. 요한복음 19:15을 보면 선임 제사장들이 예수 그리스도를 거절하고 로마의 통치자 카이사를 그들의 왕으로 선택한 것을 볼 수 있다. 그러자 향후 2,000년간 그들의 선택대로 된 것을 볼 수 있다. 지도자의 결정에 의해 이스라엘 민족이 판단받았던 것이다. 사무엘하 24장과 역대기상 21장에서는 다윗이 백성들의 수를 계수하는 것을 보는데, 이 죄로 인해 이스라엘 백성 칠만 명이 죽게 된다. 한 사람의 죄가 한 국가에 영향을 끼친 것이다. **이것이 바로 한 사람의 죄가 지니고 있는 끔찍한 파괴력이다. 한 사람의 죄가 집단에 끼치는 영향은 실로 대단한 것이다. 이를 통해 우리는 비록 그 죄가 작은 죄라 할지라도 죄를 지은 한 사람으로 인해 가정이나 교회가 파괴될 수도 있다는 교훈을 얻을 수 있다**. 이것을 공정하지 않다고 생각할 필요가 없는데, 왜냐하면 하나님께서는 예수 그리스도 한 분의 의로 말미암아 주님을 믿는 수많은 사람들을 의롭다고 여겨 주셨기 때문이다(롬 5:15-19).

『여호수아가 사람들을 여리코로부터 벧엘 동편 벧아웬 곁에 있는 아이로 보내며 그들에게 일러 말하기를 "올라가서 그 지역을 살펴보라." 하니 그 사람들이 올라가서 아이를 살펴보니라. 그들이 여호수아에게 돌아와서 그에게 말하기를 "백성을 모두 올라가게 하지 말고 약 이삼천 명만 올라가서 아이를 치게 하시고 온 백성으로 거기서 수고하지 않게 하소서. 이는 그들이 소수임이니이다." 하므로』(수 7:2,3).

아칸의 범죄 사실을 몰랐던 여호수아는 여리코 때와 마찬가지로 정탐꾼을 보낸다. 그런데 3절에서 이들 정탐꾼들의 오만한 모습을 보게 된다. 정탐한 내용을 보고하는 것을 넘어 공격 방법까지 언급하고 있는 것이다. **여리코 성읍과의 첫 전쟁에서 승리한 후 너무 자만했던 것이다. 더욱이 여호수아는 하나님께 기도하지 않고, 이 문제에 있어 하나님의 얼굴을 구하지도 않는다**. 결국 여호수아는 정탐꾼들의 계획을 따르고 그 결과 카나안 정복 전쟁에서의 첫 패배이자 유일한 패배를 당하고 만다. 영적 전쟁에 있어서도 마찬가지다. 과거의 승리에만 도취되어 있어서는 안 된다. 승리의 달콤한 추억 속에 빠져 들뜬 마음, 과신, 과시, 교만, 오만과 같은 것들에 사로잡혀 있는 그리스도인은 그 다음의 영적 전쟁에서 패배할 확률이 높은 것이다. 영적 전쟁에서 한 번 승리했다고 그것이 다가 아니다. 영적 전쟁에서 승리했다고 자만해서는 안 된다. 행여 실패하고 패배했다 할지라도 낙담하여 주저앉아 있어서도 안 된다. **그리스도인은 승리를 했건 패해를 했건 과거에 얽매어 사는 사람들이 아니다. 과거를 교훈 삼아 앞을 내다보며 현재를 살아가는 사람이다. 지금의 전투를 승리로 이끌고 있는가 아닌가가 가장 중요한 것이다.**

패배로 낙담한 여호수아(수 7:6-9)

전쟁에서 패하자 백성들의 마음과 여호수아의 마음이 물같이 되어 녹아 버리고 만다. 여호수아는 자기 옷을 찢고 머리에 티끌을 쓴 채 저녁 무렵까지 주의 궤 앞에서 땅에 엎드린다. 낙담하고 낙심한 것이다. 그리고는 주님께 호소한다(6-9절). 그 역시 우리와 같은 성정의 사람이었던 것이다. 얘기치 않은 패배를 당하자 연약한 인간의 모습을 드러낸 것이다. **낙담은 사탄이 그리스도인을 넘어뜨리기 위해 사용하는 가장 치명적인 무기다**. 그런데 사실 면밀히 따지고 보면 그렇게 크게 낙담하고 낙심할 일도 아니었다. 이스라엘 민족의 군대 수는 601,730명이었다(민 26:51). 60만 대군 중 3천여 명이 싸웠으며 그중에서 36명이 전사한 전투였을 뿐이다. 하지만 여호수아에게는 좀 더 깊은 고뇌가 있었다. 아이성 전투의 패배는 단순한 패배가 아니라 하나님께서 함께하지 않으신다는 것을 의미하기 때문이었다. **영적 전쟁 간에는 하나님께서 이 전쟁에서 나와 함께하시는가 그렇지 않은가가 매우 중요하다**. 그리고 만약 영적 전쟁에서 패배했다면 단순히 패배했다는 사실로 비통해하는 것이 아니라 하나님께서 함께하시지 않은 것에 대해 더 비통해해야 할 것이다. **하나님께서 함께하시지 않은 대다수의 이유는 바로 죄 때문이다**. 따라서 영적 전쟁에서 패배했다면 먼저 자백하지 않은 죄가 있지는 않나 돌이켜 보는 가운데 하나님께 진지하게 기도로 패배의 원인과 해결책을 알려 달라고 기도해야 하는 것이다.

패배의 원인과 해결책(수 7:10-15)

『주께서 여호수아에게 말씀하시기를 "일어나라. 어찌하여 네가 이렇게 네 얼굴을 대고 엎드려 있느냐?』(수 7:10)

엎드린 채 괴로워하는 여호수아에게 주님께서는 일어나라고 말씀하신다. 낙담한 채 주저앉아 있거나 엎드려 있을 때가 아니라 일어나서 움직여야 할 때임을 알려 주고 계신 것이다. 그런데 간교한 마귀는 그리스도인이 일어나 움직여야 할 때 기도하게 하고, 기도해야 할 때 움직이게 한다. **그리스도인이 행해야 할 올바른 일을 부적절한 때에 하게끔 만드는 것이다. 밥 존스 시니어는 의무들은 서로 충돌하지 않는다고 말했다**. 말씀과 기도로 주님과 교제해야 할 때, 다른 일들로 분주해서는 안 되고 주님을 위한 일을 해야 할 때에 주님과의 교제를 갖는답시고 앉아 있어서는 안 된다는 것이다. 여호수아에게는 지금 패배로 낙심할 때가 아니라 일어나 그 원인이 무엇인지 그리고 그 해결책은 무엇인지를 주님께로부터 듣고 행해야 할 때였다.

『이스라엘이 죄를 지었고 그들은 내가 그들에게 명한 나의 언약도 어겼나니, 이는 그들이 저주받은 물건을 취하고

도둑질하고 속여서 심지어는 그것을 자기들의 사물 가운데 두었음이라. 그러므로 이스라엘 자손이 그들의 원수들 앞에 설 수 없었고 그들의 원수들 앞에서 그들이 등을 돌렸으니 이는 그들이 저주를 받았기 때문이라. 너희가 그 저주받은 것을 너희 가운데서 멸하지 아니하면 내가 다시는 너희와 함께 있지 아니하리라. 그러므로 이스라엘 자손이 그들의 원수들 앞에 설 수 없었고 그들의 원수들 앞에서 그들이 등을 돌렸으니 이는 그들이 저주를 받았기 때문이라. 너희가 그 저주받은 것을 너희 가운데서 멸하지 아니하면 내가 다시는 너희와 함께 있지 아니하리라』(수 7:11,12).

11절에서 주님께서는 여호수아에게 아이 성 전투에서의 패배의 원인이 무엇인지 알려주신다. **바로 죄가 문제였던 것이다**. 12절에서는 죄가 가져오는 세 가지 부정적인 결과에 대해 말씀하신다. **우선 죄가 있으면 먼저 원수들 앞에 설 수 없다**. 죄가 있는 상태에서는 적에 대항하여 담대하게 나갈 수 없는 것이다. **그리고 죄가 있으면 저주를 받게 된다**. 죄의 삯은 사망이다. 여기서의 사망은 인간의 총체적인 사망을 말한다. 범죄함으로 영은 죽은 상태로 태어나고, 몸은 죽어 흙으로 돌아갈 수밖에 없고, 혼은 구원받지 않고 죽게 되면 지옥에 갈 수 밖에 없다. 구원받은 그리스도인들은 설령 죄를 짓는다고 해도 그 구원을 잃어버리지 않지만, 지속해서 하나님의 준엄하심과 죄에 대한 경고를 무시하며 죄 가운데서 돌이키지 않는다면 그 육신은 사탄에게 넘겨질 수 있다(고전 5:5). 즉 일찍 죽을 수 있다는 말이다. **마지막으로 죄가 있으면 주님께서 함께 계시지 않는다**. 물론 구원받은 성도 안에 들어오신 성령님께서는 영원히 내주하신다. 교회 시대 그리스도인이 받은 구원은 영원히 보장되는 것이다(히 13:5, 요 14:16; 10:28, 엡 4:30, 빌 1:6, 롬 8:38,39 고후 1:21,22). 그렇기에 주님께서 함께하시지 않는다는 말씀은 주님과의 교제를 잃어버리고 주님 안에서 누릴 수 있는 기쁨과 화평을 잃어버릴 수 있다는 말이다. 주님께서 기도에 응답하지 않으시고 말씀에 대한 조명도 꺼버리시는 것이다. 이것이 죄가 가져오는 세 가지 저주의 결과이다.

이와 같은 저주에서 벗어나 주님과의 관계를 다시 회복하기 위해서는 패배의 원인이었던 죄를 찾아서 제거해야만 한다. 이스라엘도 마찬가지였다. 백성을 성결케 하기 위해 과연 누가 죄를 지었는지, 곧 누가 말씀을 어기고 그 저주받을 물건들을 도둑질하고 속여서 감추었는지를 찾아내야만 했다.

드러나는 아칸의 죄(수 7:16-21)

16절에서 여호수아는 하나님의 명령에 따라 아침에 일찍 일어나 각 지파대로 사람들을 불러낸다. 아칸은 설마 찾아낼 수 있을까 하는 마음이 있었을 것이다. 하지만 이내 좁혀 오는 포위망에 크게 당황하고 놀라며 두려웠을 것이다. 그러나 돌이키기에는 너무 늦었다. 결국 유다 지파의 세라의 증손이며 삽디의 손자요 칼미의 아들인 아칸이 뽑히게 된다. 여호수아는 아칸에게 그 저주받은 물건, 감추었던 그 물건을 내 놓으라고 말한다(19절). 이에 아칸은 자신의 죄들을 자백한다(20,21절). 아칸이 자신의 죄를 숨길 수 없었던 것처럼 그리스도인 또한 숨길 수 있는 죄는 없다. **하나님께 우리의 생각과 마음 속 깊은 곳에 있는 그 은밀한 어떤 것도 숨길 수 없는 것이다(잠 15:3, 시 90:8, 민 32:23). 더욱이 그리스도인은 그리스도의 심판석에서 그런 하나님께 각자가 자신에 관해 설명해야 할 일을 앞두고 있는 사람이다(롬 14:12).** 이뿐만이 아니라 하지 말아야 했는데 했던 일들 그리고 그리스도인으로써 했어야 했는데 하지 않았던 일들에 대해서 각 사람이 하나님께 설명해야 하는 것이다.

아칸의 죄에 대한 하나님의 심판(수 7:22-26)

여호수아는 아칸의 자백대로 장막 가운데 약탈물들과 그 밑에 있던 은을 발견한다. 그리고 아칸과, 그가 숨겼던 탈취물들과 그의 아들들과 딸들과 소들과 나귀들과 양들과 장막과 그가 소유한 모든 것을 아골 골짜기로 가져온다. 이후 아칸과 그의 가족과 모든 것을 돌로 친 후 불로 태운다(수 7:22-25). 아골이라는 말의 뜻은 "괴로움"이다. 아골 골짜기, 곧 괴로움의 골짜기에서 그 자신 뿐만 아니라 이스라엘 전체를 괴롭게 하였던 그 죄악을 제거한 것이다. 사실 아칸은 자신의 죄를 온전히 자백했다(수 7:20,21). 하지만 죄의 자백에 대한 자비는 내려지지 않았다. 요한일서 1:9에서는 『**우리가 우리 죄들을 자백하면 그는 신실하시고 의로우셔서 우리 죄들을 용서하시며, 모든 불의에서 우리를 깨끗하게 하시느니라.**』라고 말씀하신다. 분명 신약적인 상황과는 많이 다르다는 것을 알 수 있다.

혹자는 이것을 가지고 죄에 대한 징계는 당연하다 할지라도 아칸에게 사형을 언도하는 것은 좀 지나치지 않느냐고 반문하기도 한다. 물론 하나님께서는 오래 참으시는 분이시며, 죄를 자백한 자들은 용서하시지만 그것은 하나님의 심판이 내려지기 이전에 해당되는 것이다. **아칸의 죄의 자백에는 자백 시점의 문제가 있었던 것이다**. 심판이 내려질 때 하는 죄의 자백이나 회개는 의미가 없다. 일례로 백보좌 심판 때 그 앞에 선 죄인들은 회개의 눈물을 흘리며 연신 자비를 베풀어 달라고, 기회를 한 번 더 달라고 요청할 것이다. 하지만 이는 때늦은 자백과 후회와 한탄일 뿐이다. 죄를 회개하고 자백하며 돌이켜 주 하나님께로 나갈 시점은 지금이지 백보좌 심판의 때가 아니다. **심판이 집행되는 상황에서의 자백과 회개는 아무런 소용이 없다**. 그리스도인들도 마찬가지다. 하나님께서 죄에서 돌이켜 다시 하나님께로 나오기를 인내로 기다리고 계시는데 그 자비하심을 무시해서는 안 된다(약 2:13, 롬 2:5). 하나님께서 심판하시겠다고 선언하신 것을 이루실 때, 그 선언과 심판은 취소될 수 없는 것이다.

죄를 제거하여 성결케 되자 하나님께서는 이제 그의 백성을 승리로 이끄신다. 이제 여호수아 8장에서 아이 성은 이스라엘에 의해 함락된다. 그런데 이스라엘은 아이 성을 아예 폐허로 만들어 버렸다. 그래서 고고학자들은 지금도 아이 성의 위치를 추정만 할 뿐 아무도 정확하게 모르고 있다. 죄로 인해 패배했던 그 치욕을 완벽히 씻어낸 것이다. 그리스도인들도 죄를 가장 먼저, 확실하게 처리해야 한다. 그렇게 그 치욕을 깨끗하게 씻어냄으로써 동일한 죄를 반복하지 않도록 해야 한다.

> 여호수아가 이스라엘을 불러내어, 그들을 지파대로, 족속대로, 가족별로, 각각의 남자별로 철저히 조사한 것처럼, 당신의 모든 삶을 하나님 앞에 정렬시키고, 마침내 하나님의 환한 미소를 당신에게서 훔쳐가 버린 아칸을 찾을 때까지 그리하라. "주님, 저는 너무나 큰 죄인입니다. 저는 제가 하지 말아야 할 것을 했고, 해야 할 것을 하지 않았습니다."라는 식으로 자백하지 말라. 대신에 "주님, 저는 이것에 있어서 죄지었고, 그리고 이것, 저것, 또한 다른 것에 있어서 죄지었습니다."라고 분명하고 정확하게 자백하라. 각각의 반역의 죄를 그 합당한 이름으로 불러올리고, 사형선고를 받게 하라. 그 죄들 때문에 당신의 마음은 질식당하고 있다. - F.B. 마이어

> 성경에서 아골 골짜기는 이사야 65:8-10과 호세아 2:14-16에서도 언급된다. 그런데 두 구절은 다 재림 때의 이스라엘의 회복과 관련이

있다. 『그러므로 보라, 내가 그녀를 꾀어 광야로 데려가서 그녀에게 위로하여 말하리라. 또 내가 거기에서 그녀에게 그녀의 포도원을 주고 아콜 골짜기로 소망의 문을 삼으리니, 그녀가 거기에서 그녀의 젊은 시절처럼, 또한 그녀가 이집트 땅에서 올라오던 날처럼 노래하리라. 주가 말하노라. 그 날이 이르리니 너는 나를 이쉬라 부르고, 다시는 나를 바알리라 부르지 아니하리라』(호 2:14-16). 예수 그리스도께서 재림하시면 이스라엘 민족을 위로하시고 아콜 골짜기를 소망의 문으로 삼으시겠다고 말씀하신다. 주 하나님께서 "그의 분노의 열화에서 돌이키시려고" 심판을 집행하셨던 바로 그 장소에서 이제 이스라엘은 축복을 받게 될 것이다. 주님께서는 악한 상황을 취하셔서 선을 가져오실 수 있다. 즉 그리스도인이 아무리 영적 전쟁에서 패했다 할지라도 심판이 이루어지기 전에, 더 늦기 전에 지금 바로 잡는다면, 재기할 수 있다는 사실을 명심해야 한다

■ 새롭게 깨달았거나 적용할 내용이 있다면 적어 보세요. ■

제3과 복습문제

1. 한 사람의 죄가 집단에 끼치는 영향은 대단한 것이다. 비록 그 죄가 작은 죄라 할지라도 죄를 지은 한 사람으로 인해 가정이나 교회나 국가가 파괴될 수도 있다. (O , X)

2. (   )은 사탄이 그리스도인을 넘어뜨리기 위해 사용하는 가장 치명적인 무기다.

3. 하나님 앞에서는 죄뿐만 아니라 우리의 생각과 마음 속 깊은 곳에 있는 그 어떤 은밀한 것도 숨길 수 없다. (O , X)

4. 그리스도인이 죄를 지으면 주님께서 함께하지 않으신다. 이 말은 곧 구원을 잃어버릴 수 있다는 말이다. (O , X)

5. 하나님의 심판이 집행되는 상황에서는 그 어떤 죄의 자백과 회개도 아무런 소용이 없다. (O , X)

■ 복습 문제의 정답은 홈페이지(www.solomonbtc.org)에서 확인할 수 있습니다.

NOTES

NOTES

제4과
다윗과 골리앗의 엘라 골짜기 전투

『다윗이 자루에 손을 넣어 거기서 돌 하나를 꺼내어 물매를 던져 그 필리스티아인의 이마를 치니, 그 돌이 그의 이마 깊숙이 박힌지라, 그가 쓰러져 얼굴을 땅에 박더라』(삼상 17:49).

다윗과 골리앗

"다윗과 골리앗의 싸움"은 성경을 믿지 않는 세상 사람들에게조차 잘 알려져 있다. 왜냐하면 다윗과 골리앗의 싸움이 사람들이 언제나 열광하는, 소위 "언더독(underdog)의 반란"이라는 주제를 담고 있기 때문이다.

골리앗은 여섯 규빗과 한 뼘(약 2.97m)에 달하는 키에 놋 오천 세겔(약 71.5kg)의 무게를 자랑하는 쇠미늘 갑옷을 입은 필리스티아 진영의 최고 투사였다. 그의 무기는 창날만 철 육백 세겔(약 8.58kg)의 무게가 나가는 창이었다. 양손으로 사용하는 "대검"조차 2kg이 되면 무거운 축에 속한다고 하는데, 그렇다면 골리앗의 창은 그 무거운 양손검 4개를 창끝에 매단 것과 같은 어마어마한 무기였던 셈이다.

군대에 차출되지도 않았고, 전쟁을 한 번도 경험해 본 적이 없었던, 키가 골리앗의 허리춤 정도밖에 되지 않는 "애송이" 다윗이 이 괴력의 투사를 이기는 일이란 불가능해 보였다. 영적 전쟁을 수행하다 보면 마치 이 골리앗과도 같은, 숨이 턱 막히는 거대한 대적과 맞서야 하는 상황에 직면해야 할 때가 올 수 있다. 그럴 때면 "언더독" 다윗이 어떻게 그 절망스러운 상황을 뒤집고 승리를 거머쥐었는지를 떠올려 보라. 『**내 능력이 약한 데서 온전하게 됨이니라.**』(고전 12:9)라고 말씀하시는 주님께서 다윗을 통해 주시는 교훈들을 말이다.

"상황"이 아니라 주님께 집중하라

『다윗이 곁에 서 있는 사람들에게 일러 말하기를 "이 필리스티아인을 죽이고 이스라엘로부터 치욕을 제거하는 사람에게는 무엇이 주어지느냐? 이 할례받지 않은 필리스티아인이 누구기에 살아 계신 하나님의 군대를 모독하느냐?" 하니』(삼상 17:26).

골리앗은 일대일 대결을 운운하며 이스라엘 진영을 도발했다. 이때에 다른 모든 이들은 골리앗의 모습에 초점을 맞추고 두려워했다(삼상 17:24). 반면 다윗은 그가 내뱉은 이스라엘 군대에 대한 모독에 초점을 맞추고 분노를 품었다. 이스라엘은 그 뜻이 "하나님의 통치자"이기도 하거니와 "하나님의 군대"이기에, 이스라엘에 대한 모독은 곧 하나님에 대한 모독이었기 때문이다. 이는 이스라엘 군대의 정체성이요, "복무신조"의 첫 번째 항목에 해당하는 것이었다. 그러나 다윗을 제외한 사람들은 "상황"에만 온 정신이 팔려 그런 것을 생각할 틈이 없었다. 말하자면 엘라 골짜기의 이스라엘 진영에 제대로 된 정신머리를 가진 사람은 다윗 하나밖에 없었던 것이다.

"상황"은 때로 이성을 마비시킨다. "상황"에 너무 집중하여 합리적인 사고를 할 수 없게 되는 경우가 바로 그것이다. 물 위를 걷던 베드로가 "상황"을 보자 두려움에 사로잡혀 가라앉았던 것처럼 말이다(마 14:30). 당초에 물 위를 걷는 "기적"의 한가운데에 있는 사람이, 바람이 사나워진다고 두려워한다는 것은 상식 이하의 행동인 것처럼 보인다. 그러나 누구라도 "상황"에 초점을 맞추면 같은 실수를 할 수 있다. 골리앗처럼 거대한 어려움에 봉착했을 때에라도, 우리는 그 "상황" 너머에 계신 주님을 믿음의 눈으로 바라볼 수 있어야 한다(히 12:2,3). 모든 "상황"을 통제하실 수 있는 분과 함께하면서도 패배주의에 찌들어 버리는 우를 범하지 않으려면 말이다. 『**세상을 이기는 승리는 이것이니, 곧 우리의 믿음이라**』(요일 5:4).

> 우리에게는 불가능한 임무를 수행하는 일이 맡겨졌다. 그러나 우리는 그 불가능을 수행하실 수 있는 분과 함께 일한다.
> - J. 허드슨 테일러

전의를 꺾는 말에 귀를 내주지 말라

> 『다윗이 사람들과 말하고 있을 때, 그의 큰 형 엘리압이 들은지라, 다윗을 향하여 엘리압이 분노를 발하며 말하기를 "어찌하여 네가 여기에 왔느냐? 광야에 있는 그 양 몇 마리는 누구에게 남겨 두었느냐? 내가 네 교만과 네 마음의 방자함을 아노니, 이는 네가 전쟁을 구경하러 내려왔음이라." 하니』(삼상 17:28).

의분으로 끓어오른 다윗이 전의를 불태우고 있을 때, 큰 형 엘리압은 그것을 "객기" 취급하면서 찬물을 끼얹었다. 사울왕도 "오랜 시간 전문적인 군사 훈련을 받은 골리앗을 너 같은 젊은이가 이길 수 있을 리 없다."며 다윗을 만류했다(삼상 17:33). 하나님의 일을 하려고 하는 사람에게는 이런 일이 흔히 일어난다. "같은 편"인 것 같은 사람들조차 그런 무모한 일은 그만두라고 말리곤 하는 것이다(마 16:22; 26:7-9). 이럴 때에 떠올려봄직한 진리는, "옳은 일"을 행하려는 사람은 설령 결과가 좋지 않은 쪽으로 나올지라도 도망칠 이유가 없다는 것이다(단 3:16-18, 에 4:16). 『**악인들은 쫓는 자가 없어도 도망치나, 의로운 자**

들은 사자처럼 담대하니라』(잠 28:1).

한편, 성경은 마음에 가득한 것을 그 입이 말한다고 말씀하신다(마 12:34, 눅 6:45). 그래서 다윗은 계속해서 이 사람 저 사람 붙들고 골리앗을 무찌르는 것에 대한 이야기를 했다. 그러나 엘리압과 사울의 입에서는 골리앗과 싸워 보겠다는 것은 교만이요 불가능한 일이라는 말이 나올 뿐이었다. 그들은 전장에 있기는 했을지라도 그 마음에 싸울 의사는 없었기 때문에 계속해서 싸우지 말아야 할 이유만을 찾았던 것이다. 거리에서 복음을 전하다 보면 사람들이 듣기 싫어하는 메시지를 공공장소에서 전해서는 안 된다며 훈계를 늘어놓는 "교회 다니는 사람들"이 더러 있다. 또 지역 교회 내에서도 어떤 사역을 추진하려고 하면 일선에서 수고하지도 않는 사람들이 뒤에서 팔짱을 끼고 이러쿵저러쿵 "안 되는 이유"를 지적하는 일도 흔하다. 훌륭한 그리스도의 군사가 되려거든 그러한 "조언들"에는 귀를 닫는 것이 옳고, 그런 자들과는 길게 대화도 하지 않는 편이 좋다. 그런 사람들과 어울리다 보면 입만 살고 마음은 차갑게 식은 종교적 위선자가 되어버리기 일쑤이기 때문이다. 악한 영들은 "입"을 통해 역사한다는 점을 명심해야 한다(잠 15:4, 계 16:13).

■ 새롭게 깨달았거나 적용할 내용이 있다면 적어 보세요. ■

승리를 꾸준히 누적하라

『다윗이 사울에게 말하기를 "왕의 종이 자기 아버지의 양을 지키는데, 사자와 곰이 와서 양무리에서 새끼 양을 잡아가면, 내가 그를 따라가서 그를 치고 그 입에서 새끼를 건져내었으며, 그가 나를 향하여 일어나면 내가 그 수염을 잡아 쳐서 죽였나이다. 왕의 종이 사자와 곰도 죽였는데, 이 할례받지 않은 필리스티아인이 살아 계신 하나님의 군대를 모독하는 것을 보았으니 그도 그들 중 하나같이 되리이다." 하더라』(삼상 17:34-36).

양을 치는 것은 사실 다른 형들이 "중요한 일"을 할 때에 막내인 다윗에게 주어진, "허드렛일"에 가까운 일이었다(삼상 16:11). 그러나 다윗은 설령 상대적으로 덜 중요한 일이라고 하더라도 자신에게 맡겨진 일이라면 빈틈없이 수행해 내려고 하는 "완벽주의자"였다. 맹수가 새끼 양을 잡아가면 포기할 법도 한데, 다윗은 그 맹수를 추격해서 죽이고 기어코 아버지가 자신에게 맡긴 양을 구출해 왔다.

다윗은 그런 일들 가운데에 하나님께서 자신을 보호하신다는 사실을 확신할 수 있었다. 이처럼 작은 일들 속에서 승리의 간증을 꾸준히 누적하다 보면, 어느새 주님 안에서 큰 일들도 너끈하게 감당해 낼 수 있게 성장해 있는 자신의 모습을 볼 수 있을 것이다(눅 16:10). 그러므로 골리앗과 같은 거대한 적을 무찌를 수 있는 그리스도의 군사는 "타고나는 것"이 아니라 승리를 꾸준히 누적함으로써 "만들어지는 것"이다. 『**그가 나를 연단하시면 내가 금같이 나오리라**』(욥 23:10).

19세기를 풍미했던 스페인의 바이올리니스트 파블로 데 사라사테는 누군가가 자신을 "천재"라고 칭하자 이렇게 답했다고 한다. "천재라고? 37년간 하루에 14시간씩 바이올린 연습을 한 나를 사람들은 "천재"라고 부른다."

익숙한 무기를 사용하라

『다윗이 그의 갑옷 위에 칼을 차고 걸으려고 해 보았으나 익숙하지 아니하므로, 다윗이 사울에게 말하기를 "이것들이 내게 익숙지 아니하므로 입고 가지 않겠나이다." 하고 그것들을 벗은 후 그가 손에 막대기를 들고 시냇가에서 매끄러운 돌 다섯 개를 골라서 자기가 갖고 있는 목자의 자루, 즉 여행자의 자루에 넣었으며, 손에 물매를 가지고 그 필리스티아인에게 다가가더라』(삼상 17:39,40).

다윗은 익숙하지 않았던 사울의 무장을 거절하고 자신이 즐겨 사용하던 무기로 전투에 임했다. 전쟁터에 싸우러 간 것이 아니라 아버지의 심부름으로 간 것이었음에도 불구하고 무기를 휴대하고 있었기에 가능한 일이었다. 이 대목에서 우리는 그리스도의 군사는 언제나 자신이 익숙하게 사용할 수 있는 "무기", 즉 하나님의 말씀으로 무장하고 있어야 한다는 교훈을 얻어 볼 수 있다. 성경 전체를 암송하기는 어렵겠지만, 적어도 자신이 익숙하게 복음과 진리를 증거하는 데에 사용할 수 있는 구절들은 언제든 사용할 수 있도록 준비되어 있어야 하는 것이다. 『**너는 말씀을 전파하라. 때를 얻든지 못 얻든지 항상 대비하라**』(딤후 4:2).

하나님께서는 다윗이 즐겨 사용하던 무기인 "물매"를 통해 역사하셨다. 하나님께서는 때로 병장기가 아니라 소 몰이 막대기(판 3:31), 못과 망치(판 4:21),

맷돌(판 9:53), 나귀의 새 턱뼈(판 15:15) 등을 통해서도 그분의 백성들에게 승리를 주셨다. 주님께서는 각자가 익숙한 무기로 그분의 일을 하도록 허용해 주셨던 것이다. 주님께서는 사람의 개성을 존중하시며, 각 사람을 "맞춤"으로 다루시는 분이시다. 주 예수 그리스도께서는 똑같은 증상을 가진 사람들을 치유하시면서도 어떤 사람은 만져서(마 9:29), 어떤 사람은 말로(막 10:51,52), 어떤 사람은 두 눈에 침을 바르고 두 번 안수함으로(막 8:23-25), 어떤 사람은 침으로 이긴 진흙을 눈에 바르고 연못에서 씻게 함으로(요 9:6,7) 고쳐 주시지 않았던가?

따라서 자신의 인생이 하나님께서 먼저 사용하셨던 믿음의 용사들과 같은 양상으로 흘러가지 않는다고 해서 걱정할 필요도 없고, 그들을 흉내 내고자 애를 쓸 필요도 없다. 위대한 복음전도자요 설교자였던 F.B.마이어는 "신참 사역자"였던 시절에 교회의 담임 목회자였던 찰스 M. 비렐에게서 많은 것들을 배웠는데, 이것이 지나쳐서 시행착오를 겪기도 했다고 회고한다. "나는 설교와 연설을 준비할 때, 자연스럽게도 선배 사역자의 방법을 따라했다. 이것은 실수였다. 비렐은 쓴 것을 외워서 말하는 습관이 있었는데, 그런 방법은 내게 전혀 맞질 않았다." 우리 모두는 기억력, 말투, 목소리, 사투리, 목소리, 외모, 학력수준, 전공, 직업, 가족관계 등에 있어 천차만별이기에, 하나님께서 각자를 사용하시는 방법 또한 그러한 것이다.

그러나 어떤 사람들은 "칼과 갑옷이 맞지 않는다고" 전쟁에 나가는 것을 주저하곤 한다. 상황이나 여건, 능력이 갖춰진 후에 싸워 보겠다는 것이다. 그러나 하나님께서는 있는 것을 받으시는 분이시지, 없는 것을 강제하시는 분이 아니시다(고후 8:12). 할 마음만 있다면, 자신에게 결핍된 것들에 얽매이지 말고, 자신에게 있는 그것으로 영적 전쟁에서 승리할 궁리를 하는 편이 훨씬 현명한 처사이다. "물매"밖에 쓸 줄 몰라도 괜찮다! 그 "물매"를 하나님께서 함께 던져 주실 테니 말이다.

주의 이름을 위해 싸우라

다윗은 『**너는 칼과 창과 방패를 가지고 내게 오지만, 나는 만군의 주의 이름, 즉 네가 모독한 이스라엘 군대의 하나님의 이름으로 네게 가노라.**』(삼상 17:45)라고 외치면서 골리앗과의 결전에 임했고, 결국 일격에 승리를 거두었다. 골리앗이 어리고 유약해 보이는 다윗을 멸시하면서 투구를 벗은 채 일어서지도 않고 있었다는 것, 즉 전투태세를 전혀 갖추고 있지 않았다는 것을 감안하고서라도 기적에 가까운 결과였다. 이는 싸움의 결과가 덩치, 경험, 칼과 창과 방패 따위에 의해 좌우되는 것이 아니라 하나님께 속한 것이라는 진리를 우리에게 새삼 깨우쳐 준다(대하 20:15).

자, 지금 이 순간에도 수많은 "골리앗"들이 하나님의 이름을 모독하고 있다. 직접적으로 하나님을 비방하는 무신론자들의 거대한 무리는 물론이거니와 "하나님의 이름으로" 말하면서도 선악을 뒤섞는 에큐메니컬 운동을 자행하는 자들(겔 22:26), 실제로 그 말씀에 순종하는 데에는 전혀 관심이 없는 자들(롬 2:24), 오히려 참된 하나님의 교회를 대적하는 자들(딤전 1:13,20), 하나님께서 정하신 질서를 뒤엎으려 하는 자들(딤전 6:1, 딛 2:5)의 거대한 집단들 모두가 하나같이 "골리앗"같이 큰 위세를 자랑하고 있다. 이에 반해 진리를 따르는 사람들은 소수에 불과하다.

주 예수 그리스도의 이름을 불러 구원받고(행 4:12, 롬 10:13), 그분의 이름으로 기도하며(요 14:13,14), 그분의 이름을 위해서 고난을 받고(행 9:15,16), 그분의 이름을 따라 "그리스도인"이라고 불리는 사람들이여, 도저히 감당할 수 없을 것 같은 대적을 만났을 때면 기억하자. 사람은 하나님을 이기지 못한다는 단순한 진리를 말이다. 『아사가 **주** 그의 하나님께 부르짖어 말하기를 "**주**여, 많은 수로든지 힘이 없는 자들로든지, 주께서 도와주시는 데는 아무것도 아니니이다. 오 **주** 우리 하나님이여, 우리를 도우소서. 이는 우리가 주를 의지하며 주의 이름으로 이 무리를 대적하러 감이니이다. 오 **주**여, 주는 우리의 하나님이시니 사람이 주를 이기지 못하게 하소서." 하더라』(대하 14:11).

■ 새롭게 깨달았거나 적용할 내용이 있다면 적어 보세요. ■

제4과
복습문제

1. 다윗은 골리앗을 만났을 때 이미 베테랑 군인이었다. (O , X)

2. 이스라엘 진영의 모든 사람들은 골리앗의 모습에 초점을 맞추어 두려워한 반면, 다윗은 골리앗의 이스라엘 군대에 대한 ( )에 초점을 맞추고 분노했다.

3. 『악인들은 쫓는 자가 없어도 도망치나, ( )은 사자처럼 담대하니라』(잠 28:1).

4. 그리스도의 군사는 "타고나는 것"이 아니라 "( ) 것"이다.

5. 『너는 말씀을 전파하라. 때를 얻든지 못 얻든지 항상 ( )』(딤후 4:2).

6. 『너는 칼과 창과 방패를 가지고 내게 오지만, 나는 ( ), 즉 네가 모독한 이스라엘 군대의 하나님의 이름으로 네게 가노라.』(삼상 17:45).

■ 복습 문제의 정답은 홈페이지(www.solomonbtc.org)에서 확인할 수 있습니다.

NOTES

제5과
기도로 앗시리아 대군을 무찌른 히스키야

『그날 밤에 **주**의 천사가 나가서 앗시리아 진영에서 십팔만 오천 명을 쳤더라. 사람들이 아침에 일찍 일어났더니, 보라, 그들이 모두 죽은 시체더라』(왕하 19:35).

히스기야의 기도

유다의 히스기야 제십사년 봄 앗시리아의 산헤립이 유다를 침략하자, 히스기야는 하나님께 이렇게 기도했다. 『오 그룹들 사이에 거하시는 만군의 **주** 이스라엘의 하나님이여, 주, 오직 주만이 땅의 모든 왕국들의 하나님이시며, 주께서는 하늘과 땅을 지으셨나이다. 오 주여, 주의 귀를 기울여 들으소서. 오 **주**여, 주의 눈을 열어 보소서. 그리고 살아 계신 하나님을 비방하려고 보낸 산헤립의 모든 말을 들으소서. **주**여, 참으로 앗시리아 왕들이 모든 민족들과 그들의 나라들을 황폐케 하고 그들의 신들을 불 속에 던졌으니 이는 그것들이 신들이 아니었으며, 사람의 손으로 만든 나무와 돌이었음이니이다. 그러므로 그들이 그것들을 파괴시켰나이다. 그러므로 이제 오 **주** 우리 하나님이여, 그의 손에서 우리를 구해 주시어 땅의 모든 왕국들이 주, 오직 주만이 **주**이심을 알게 하소서』(사 37:15-20).

히스기야의 기도에 대해 하나님은 이렇게 응답하셨다. 『이스라엘의 **주** 하나님이 이같이 말하노라. 네가 앗시리아의 산헤립왕에 대하여 내게 기도하였으니... 그가 왔던 길로 돌아갈 것이요, 이 성읍으로 들어오지 못하리라. **주**가 말하노라』(사 37:21,34).

<u>하나님은 하나님을 신뢰하는 성도의 기도에 신실하게 응답하시는 전지전능하시고 은혜와 자비가 풍성하신 하나님이시다.</u>

선한 왕 히스키야

『히스키야가 이스라엘의 **주** 하나님을 신뢰하였으니 그의 이후로는 유다의 모든 왕 가운데 그와 같은 자가 없었으며 그의 이전에도 없었더라. 그가 **주**께 밀착하고 그를 따르는 데서 떠나지 아니하였으며, **주**께서 모세에게 명령하신 그의 계명들을 지켰더라』(왕하 18:5).

1. 히스키야

남왕국 유다에서 일어난 다섯 차례의 개혁 중에서 네 번째 개혁을 주도했던 "히스키야"는 아하스의 아들이었다. 아하스는 하나님을 분노케 한 왕이었다. 『**아하스가 하나님의 전의 기명들을 한 데 모아 하나님의 전의 기명들을 산산조각내었으며 주의 전의 문들을 닫아 버리고 예루살렘의 모든 모퉁이마다 그를 위한 제단들을 만들었으며 또 유다의 각 성읍에 다른 신들에게 분향할 산당들을 만들어 그의 조상의 주 하나님을 분노케 하였더라**』(대하 28:24,25).

아버지 아하스와는 다르게 히스키야는 하나님께 인정받은 왕이었다. 『**히스키야가 그의 조상 다윗이 행한 모든 것을 따라 주의 목전에 옳은 것을 행하니라**』(대하 29:2, cf. 왕하 18:3). 히스키야는 그의 아버지 아하스의 사악한 행실로 인해 하나님의 진노가 유다와 예루살렘에 임했다는 사실을 깨달았고, 이에 그것을 돌이키려고 했다(대하 29:5-11). 또한 히스키야는 주님을 신뢰한 왕이었는데, 성경은 히스키야 이전이나 이후에 그와 같은 자가 없었다고 기록하신다. 『**히스키야가 이스라엘의 주 하나님을 신뢰하였으니 그의 이후로는 유다의**

모든 왕 가운데 그와 같은 자가 없었으며 그의 이전에도 없었더라. 그가 주께 밀착하고 그를 따르는 데서 떠나지 아니하였으며, 주께서 모세에게 명령하신 그의 계명들을 지켰더라』(왕하 18:5,6). 하나님께서 히스키야를 "하나님을 신뢰한 사람들" 중에서 단연 "최고"였다고 인정해 주신 것이다!

2. 히스키야의 개혁

"하나님을 신뢰한 히스키야"는 어떤 일을 수행했기에 하나님께 『**그의 이후로는 유다의 모든 왕 가운데 그와 같은 자가 없었으며 그의 이전에도 없었더라.**』라는 평가를 받았는가? 그가 왕이 된 것은 25세 때였다. 그는 왕이 된 첫째 해 첫째 달에, 즉 왕이 되자마자 자기 아버지가 닫아 버린(대하 28:24) 주의 전의 문들을 열고 그것들을 수리했으며(대하 29:3), 제사장들과 레위인들을 모아 성전을 성결케 하고 성소에서 모든 더러운 것을 끌어냈다(대하 29:4-19). 그리고 주의 성전의 모든 온전한 기능이 원래대로 수행되도록 회복시켰다. 또한 유월절도 지키게 했는데, 성경은 제사장들의 기도가 하늘에까지 닿았다고 기록하신다. 『**그후에 레위인들인 제사장들이 일어나 백성을 축복하였는데 그 소리가 들린 바 되었으니 그들의 기도가 그분의 거룩한 거처 하늘에까지 닿았더라**』(대하 30:27).

히스키야가 왕이 된 첫째 달에 곧바로 개혁을 시작했다는 것은 그가 왕이 되기 전부터 개혁을 구상하고 있었다는 것을 짐작하게 한다. 아마도 그는 자기 아버지 아하스가 주의 전의 문들을 닫아 버렸을 때부터 나중에 왕이 되면 어떻게 개혁할지를 구상했을 것이다. 왜냐하면 그것이 주님을 진노케 하는 일임을 알고 있었기 때문이다(cf. 대하 29:8-10). 어린 히스키야가 그것을 안 것은 아마도 그의 어머니 "아비야"(대하 29:1)의 영향이 컸을 것으로 보인다. 종종 "어머니"가 자녀들의 믿음에 지대한 영향을 미치기 때문이다(딤후 1:5).

3. 히스키야의 기도에 응답하신 하나님

"**하나님을 신뢰한 히스키야**"를 위해 하나님께서는 몇 가지 각별한 일들을 행하셨다.

첫째, 앗시리아 왕 산헤립이 유다를 치러 왔을 때, 히스키야의 신실한 기도에 응답하시어 산헤립의 군대를 물리쳐 주셨다. 그런데 하나님께서는 히스키야가 전쟁을 해서 승리하게 하신 것이 아니라, 아예 전쟁도 하지 않고 185,000명을 죽여 주셨다. 『**그때에 주의 천사가 나가서 앗시리아 진영에서 십팔만 오천 명을 쳤더라. 사람들이 아침에 일찍 일어났더니, 보라, 그들이 모두 죽은 시체더라**』(사 37:36).

둘째, 하나님께서는 그의 기도에 응답하시어 수명을 15년 더 연장해 주셨다. 『**가서 히스키야에게 말하라. 네 조상 다윗의 하나님 주가 이같이 말하노라. 내가 네 기도를 들었고, 네 눈물을 보았노라. 보라, 내가 네 연수에 십오 년을 더해 주겠노라**』(사 38:5). 하나님께서는 그분을 신뢰하는 사람의 기도를 진지하게 들으시어 원래의 계획도 변경하실 수 있는 분이신 것이다.

셋째, 표적으로 해시계가 10도 되돌아가게 해 주셨다. 『**보라, 내가 아하스의 해시계에 내려갔던 그림자 각도를 십 도 뒤로 다시 가져오리라." 하시니라. 그러므로 태양이 내려간 각도로 십 도 되돌아갔더라**』(사 38:8). 물론 하나님께서 히스키야를 위해 행하신 일들에는 이것들만 있는 것은 아니다. 하나님께서는 그의 병을 고치셨고(왕하 20:7), 그를 매우 부유하게 만들어 주셨다(대하 32:27-29). 이런 일들을 볼 때, 우리는 하나님께서 "주님을 신뢰하는 사람"을 얼마나 사랑하시는지 알 수 있다.

하나님께서는 "<u>**하나님을 신뢰한 히스키야**</u>"를 사랑하시어 많은 일들을 행하시고 부유하게 해 주셨는데, 특히 그에게 내려 주신 더 큰 복은 "**지혜**"와 "**담대함**"을 주시어 통치자로서의 소임을 다하게 하신 것이었다(대하 32:7,8). 그래서 히스키야는 산헤립의 공격을 미리 내다보고 성읍 밖에 있는 물의 근원을 막아 버렸으며(대하 32:3,4), 지하 수로를 만들어서 성안으로 물을 끌어들여 물의 안정된 공급을 확보했다(왕하 20:20). 또한 성벽을 쌓고 보수했으며 창과 방패도 많이 만들었다(대하 32:5). 그리고 그의 군대 대장들과 백성들에게 다음과 같이 말하며 위로하기도 했다. 『**"강건하고 담대하라. 앗시리아 왕과 그와 함께 있는 무리들로 인하여 무서워하거나 놀라지 말라. 이는 우리와 함께하는 자들이 그와 함께하는 자들보다 많음이라. 그와 함께하는 것은 육신의 팔이나 우리와 함께하시는 분은 주 우리 하나님이시니 그분께서 우리를 도우시고 우리의 싸움을 싸우시는도다." 하니 백성이 유다의 히스키야왕의 말에 안도하더라**』(대하 32:7,8). 이처럼 히스키야는 진정으로 하나님을 신뢰했고, 지혜와 담대함으로 백성들이 하나님을 신뢰하도록 만들었다. 그렇다! 하나님을 신뢰하는 사람의 믿음은 다른 사람들에게도 좋은 영향을 미친다. 이에 하나님께서는 주님을 온전히 신뢰한 히스키야를 높이셨다. 『**많은 사람이 예루살렘으로 주께 예물을 가져와서 유다의 히스키야왕에게 바치니라. 그러므로 히스키야가 그때부터 모든 나라의 목전에서 높임을 받았더라**』(대하 32:23).

성경에 대한 학자들의 불신

고대 그리스의 역사가 "헤로도토스"(Herodotus)는 산헤립 군대의 병사 수가 줄어든 것을 두고 "들쥐 떼가 몰려와 무기들을 갉아 먹어서" 그렇게 되었을 것으로 추측했다. 무기를 갉아 먹으면 병사 수가 줄어드는가? 유대인 역사가 요세푸스는 "하나님께서 보내신 급성 전염병"을 그 원인으로 제시했다. 유대인이면서도 성경을 믿지 않는 학자였음을 여실히 드러낸 것이다. 하나님께서 보내신 것은 "주의 천사"였지

(사 37:36) "들쥐 떼"나 "급성 전염병"이 아니었다. 학자들이 무엇을 생각하는지 알겠는가? 그들은 끊임없이 "성경과 다른 것"을 생각해 내려고 몰두한다. "성경과 같은 것"은 인정하고 싶지 않기 때문이다. 명성을 유지하고 수입을 늘리려면 "성경과 달라야 한다." 그들은 그저 자기들의 배를 섬기는 자들일 뿐이다. 『**그들의 종말은 파멸이며 그들의 하나님은 자기들의 배요, 그들의 영광은 자기들의 수치 속에 들어 있고 그들은 땅의 것들을 생각하느니라**』(빌 3:19).

고고학자들과 역사학자들은 히스키야의 기도를 경청하신 하나님께서 "주의 천사"를 보내시어 산헤립의 군대 185,000명을 죽이신 사실을 믿지 않는다. 히스키야가 백성들에게 『**우리와 함께하는 자들이 그와 함께하는 자들보다 많음이라.**』(대하 32:7)라고 말한 것은 단지 허풍에 불과했다고 생각한다. 그러나 선지자 엘리사도 이 말을 하면서 그의 종에게 『**산을 가득 채운 말들과 불병거들**』을 보여 주었다. 『**그가 대답하기를 "두려워 말라. 이는 우리와 함께하는 자들이 그들과 함께하는 자들보다 많기 때문이라." 하더라. 그때 엘리사가 기도하여 말하기를 "주여, 내가 청하오니 그의 눈을 여시어 그로 보게 하소서." 하자, 주께서 그 청년의 눈을 여시어 그가 보니, 보라, 엘리사를 에워싼 말들과 불병거들이 산을 가득 채웠더라**』(왕하 6:16,17).

성경을 절대 신뢰하지 않기로 작정한 학자들은 성경의 어떠한 기적도 믿지 않을 것이다. 히스키야의 믿음을 제대로 깨닫지 못하는 그들은 "히스키야가 하나님을 신뢰했다"는 말이 무슨 말인지 이해할 수도 없다. 그러나 우리는 성경과 히스키야의 믿음을 안다. "하나님을 신뢰하는 사람"을 향한 주님의 도우심을 알게 해 준 히스키야처럼 우리도 하나님만을 온전히 신뢰하는 신실한 그리스도인이 되어야 할 것이다!

히스키야 터널

『히스키야의 나머지 행적과 그의 모든 권세와 그가 어떻게 저수지와 수로를 만들어 물을 성읍으로 가져왔는지는 유다 왕들의 역대서에 기록되어 있지 아니하냐?』(왕하 20:20)

유다의 히스키야왕 제십사년 봄 예루살렘 남서쪽 성읍인 라키스를 함락시킨 앗시리아의 산헤립은 그 여세를 몰아 예루살렘도 함락시키기 위해 라키스에서 전열을 가다듬고 있었다. 장기적인 수성전(守城戰)이 불가피하다고 판단한 히스키야는 성 밖의 물의 근원을 막아 산헤립의 군대가 식수로 이용하지 못하게 하고 동시에 성안에 식수를 공급하기 위하여 기혼샘을 막고 지하수로를 파서

실로암 못까지 연결하는 공사를 지시한다. **『히스키야가 산헤립이 와서 예루살렘을 치고자 하는 것을 보고 자기의 고관들과 용사들과 의논하여 성읍 밖에 있는 물의 근원을 막으려 하니 그들이 그를 돕더라』**(대하 32:2,3). 그러나 성경에 기록된 이 역사적 사실에 관심을 둔 사람들은 많지 않았다. 왜냐하면 이 전쟁의 마지막 부분이 **『그 날 밤에 주의 천사가 나가서 앗시리아 진영에서 십팔만 오천 명을 쳤더라. 사람들이 아침에 일찍 일어났더니, 보**

라, 그들이 모두 죽은 시체더라.』(왕하 19:35)로 끝나기 때문이다. 하나님에 대한 믿음이 없는 자들은 전쟁의 마지막 부분을 믿을 수 없었기 때문에 전쟁에 관한 기록 전체를 사실로 받아들일 수 없었던 것이다.

"히스키야 터널"로 명명된 이 지하수로가 사람들의 관심을 받게 된 것은 1880년 여름이었다. 예루살렘 실로암 마을의 아이들이 여름의 더위를 식히기 위해 실로암 못에서 물놀이를 하고 있었는데, 그 아이들 중 한 아이가 물이 흘러나오는 지하 터널 안쪽으로 들어갔다. 마침 터널 입구를 통해서 들어온 빛이 터널 벽을 비추고 있었고, 아이는 그 벽에서 글씨가 새겨진 비문을 발견하였다. 사람들의 무관심 속에 묻혀 있던 역사의 진실이 선명하게 드러나게 된 순간이었다. "실로암 비문"으로 명명된 이 비문은 총 여섯 줄에 200자로 구성되어 있었는데, 비문에는 「**3큐빗(1.3m)쯤 남았을 때 반대편에서 서로 부르는 소리가 들렸다. 터널이 뚫리자, 동료들은 끌어안고 도끼를 서로 마주쳤다. 물은 샘에서 1,200큐빗(525m) 흘러 내려왔다.**」라고 적혀 있었다.

실로암 비문이 발견되고 히스키야 터널의 역사성이 증명된 이후에도 몇 가지 의문은 여전히 풀리지 않았다. 첫째는 기혼샘에서 실로암 못까지는 직선거리로 315m인데, 왜 위급한 전쟁의 시기에 S자를 두 개 연결한 듯한 구불구불한 모양으로 525m나 되는 터널 공사를 했는가였고, 둘째는 히스키야 터널은 525m인데, 이처럼 긴 거리의 터널 공사를 그 기간 내에 실제로 해낼 수 있었는가였다. 셋째는 기혼샘에서 실로암 못까지의 기울기가 0.06%로서 실제 높이가 32cm밖에 차이가 나지 않아 조금만 오차가 생겨도 물이 흘러올 수 없었을 텐데, 당시의 측량 기술과 토목 공사 기술로 그런 정교한 공사 계획이 가능했었는가였다.

히스키야 터널에 관한 이러한 의문들 중에서 첫째 의문에 대해서는 지상에 있는 유다 왕들의 무덤을 피하기 위해서라는 답변이 그나마 합리적인 답변으로 여겨져 왔으나, 나머지 두 의문점에는 마땅한 답변을 찾을 수 없었다. 그러다 1978년 한 지질 조사단에 의해 예루살렘성에 대한 정밀한 지질 조사가 이루어짐으로써, 이 의문들이 해소되었다. 기혼샘과 실로암 못은 바위틈에 의해 원래 자연적으로 연결되어 있었고, 기혼샘에서 물이 흘러나가는 바위틈을 파 내려간 상류 팀과 실로암 못으로 물이 흘러 들어오는 바위틈을 파 올라간 하류 팀이 터널 공사를 통해 결국 만나게 된 것이었다.

지질 조사단은 기혼샘에서 실로암 못까지 자연적으로 형성되어 있던 바위틈이 4만 년 전에 형성된 것이라고 주장함으로써, 발굴 현장에서 직접 발굴하거나 역사의 현장에 가까이 있었다는 사실이 결코 하나님과 성경에 대한 믿음을 향상시켜 주지 못한다는 사실을 다시 한번 확인시켜 주었다. 히스기야가 확신을 가지고 오직 하나의 공사 계획을 통해서 지하수로를 완성하였는지, 아니면 여러 방향의 수로 공사를 실시하여 그중 하나를 성공한 것인지는 성경에 나와 있지 않지만, 이 전쟁의 전체 흐름으로 볼 때, 하나님께서 히스기야나 이사야에게 주신 지혜에 따라 히스기야가 이 일을 행했으리라고 생각하는 것이 올바른 성경적 해석임은 두말할 필요도 없다. 하나님께서는 하나님을 두려워하는 사람들에게 지혜와 명철을 허락하신다.

고고학자들의 어리석음

1930년대 "여리코 유적"을 본격적으로 발굴하기 시작했던 "존 가스탕"(John Garstang)은 여리코 유적이 성경의 기록과 일치하는 것으로 결론을 내렸다. 그러나 1950년대에 발굴 작업을 진행했던 "캐슬린 케니언"(Kathleen Kenyon)과 "토머스 홀랜드"(Thomas Holland)는 적절한 근거도 제시하지 않은 채 여리코 붕괴의 시기를 성경보다 200년 정도나 앞선 것으로 추정하면서, 붕괴의 원인도 "지진"으로 보았다. 게다가 "대영

박물관 발굴팀"은 당시에 규모 6.0의 "지진"이 발생하여 여리코 성이 붕괴되었음을 보여 주는 "지질 구조"가 발굴됐다고 주장하기도 했다. 그러나 그들은 모두 틀렸다! 발굴 조사에 의하면 여리코 성벽은 모두 바깥으로 넘어졌는데, 만약 여리코가 지진에 의해 무너졌다면 결코 성벽이 바깥으로만 무너져 내릴 수는 없기 때문이다.

스탠퍼드대학교의 지구물리학자 "아모즈 누르"(Amoz Nur)는 이스라엘 민족이 여호수아의 인도로 요단강을 건넜을 때 요단강의 물이 끊어지고 물 무더기가 되어 쌓인 기적을(수 3:13) "지진"에 의한 "산사태"로 물길이 막혀서 일어난 현상으로 설명한다. 〈국제표준성경백과사전〉의 어리석은 편집자들도 구원받지 못한 과학자들의 말을 성경보다 더 신뢰하여 요단강의 물이 멈춘 것은 "지진"에 의한 "산사태" 때문이었다고 적어 놓았다. 그러나 그들은 모두 틀렸다! 만약 그것이 "지진"에 의한 것이었다면, 이스라엘 민족이 결코 성경대로 『**마른 땅**』(수 3:17)을 건널 수는 없었을 것이기 때문이다.

하나님의 말씀을 신뢰하지 않는 고고학자들의 이러한 성향은 비단 "여리코의 기적"이나 "요단강의 기적"뿐만 아니라 히스키야에게 베푸신 기적들도 불신한다. 그러나 성경을 사랑하는 그리스도인들에게는 그들의 불신이 아무런 영향을 미칠 수 없다.

■ 새롭게 깨달았거나 적용할 내용이 있다면 적어 보세요. ■

제5과
복습문제

1. 유다의 히스키야왕 때 유다를 침략한 앗시리아의 왕은 (   )이었다.

2. 유다의 히스키야왕 때 유다의 선지자는 (   )였다.

3. 『히스키야가 그의 조상 (   )이 행한 모든 것을 따라 주의 목전에 옳은 것을 행하니라』(대하 29:2).

4. 『히스키야가 이스라엘의 주 하나님을 (   )하였으니 그의 이후로는 유다의 모든 왕 가운데 그와 같은 자가 없었으며 그의 이전에도 없었더라. 그가 주께 (   )하고 그를 따르는 데서 떠나지 아니하였으며, 주께서 모세에게 명령하신 그의 계명들을 지켰더라』(왕하 18:5,6).

5. 『그때에 주의 천사가 나가서 앗시리아 진영에서 (   ) 명을 쳤더라. 사람들이 아침에 일찍 일어났더니, 보라, 그들이 모두 죽은 시체더라』(사 37:36).

■ 복습 문제의 정답은 홈페이지(www.solomonbtc.org)에서 확인할 수 있습니다.

NOTES

NOTES

제6과

곡과 마곡의 전쟁과 영원한 평화

『그 천 년이 끝나면 사탄이 그의 감옥에서 풀려나, 땅의 사방에 있는 민족들, 곧 곡과 마곡을 미혹하려고 나가서 그들을 함께 모아 전쟁을 일으키리니 그 수가 바다의 모래 같으리라』(계 20:7,8).

천년왕국 전에 있을 아마겟돈 전쟁

『여섯째 천사가 자기 호리병을 큰 강 유프라테스에 쏟으니 강물이 말라 버려서 동방의 왕들의 길이 예비되더라. 또 내가 보니, 개구리 같은 더러운 세 영이 용의 입과 짐승의 입과 거짓 선지자의 입에서 나오는데 그들은 기적들을 행하는 마귀들의 영들이라. 그 영들은 이 땅과 온 세상의 왕들에게로 가서 전능하신 하나님의 위대한 날의 전쟁을 위하여 그 왕들을 모으더라. 보라, 내가 도둑같이 오리니 깨어 있어 자기 옷을 지켜서 벗은 채로 다니지 아니하고, 사람들에게 자기 수치를 보이지 않는 자는 복이 있도다. 그가 그들을 히브리어로 아마겟돈이라고 하는 곳으로 모으더라』(계 16:12-16).

"아마겟돈 전쟁"은 마귀가 세상 나라들을 모아서 하나님과 그분의 백성을 대적하기 위해 싸우는 전쟁이다. 엄밀히 말해서 이 전쟁은 하나님께서 그들을 한 번에 멸하시려고 모으시는 전쟁이다. **『주가 말하노라. 그러므로 너희는 내가 일어나서 먹이로 삼는 날까지 나를 기다리라. 이는 내 결심이 민족들을 모으는 것임이니 내가 왕국들을 모아서 그들 위에 내 분노, 곧 나의 모든 격노를 쏟으리라. 이는 온 땅이 내 질투의 불로 삼켜질 것임이라』**(습 3:8). **『너희는 이것을 이방인들 가운데 선포하라. 전쟁을 예비하며 용사들을 깨우고 모든 전사들로 가까이 오게 하며 그들로 올라오게 하라. 너희 보습을 쳐서 칼을 만들고 너희 낫을 쳐서 창을 만들라. 약한 자로 '나는 강하다.'라고 말하게 하라. 너희 모든 이방들아, 모여서 오라. 다 함께 주위에 모이라』**(욜 3:9-11). 적그리스도의 군대와 하나님의 군대가 맞붙는 이 우주적인 전쟁이 벌어질 때, 주님께서는 이방 민족들을 그분의 "맹렬한 진노의 포도즙틀"에서 짓밟으실 것이다. **『너희는 낫을 대라. 이는 곡식이 익었음이라. 너희는 와서 밟으라. 이는 포도즙틀이 가득 차고 독들이 넘쳐남이니, 그들의 죄악이 크기 때문이라』**(욜 3:13). **『그의 입에서는 예리한 칼이 나와서 그것으로 민족들을 칠 것이요 또 철장으로 그들을 다스릴 것이며, 그는 전능하신 하나님의 맹렬한 진노의 포도즙틀을 밟으실 것이라』**(계 19:15, cf. 계 14:18-20).

위의 아마겟돈 전쟁을 위해서 적그리스도와 땅의 왕들이 이끄는 2억의 기병대가 예수 그리스도를 대적하기 위해 "아마겟돈"으로 집결한다(계 9:15-17; 16:12-16, cf. 나 3:2,3). 이 기병대에는 끝없이 깊은 구렁으로부터 올라오는 "초자연적인 메뚜기들"(계 9:1-3,7-11,17-19)이 군마로서 사용되는데, 재림하시는 주 예수 그리스도께서 아마겟돈에 모인 적그리스도의 군대를 그분의 입에서 나오는 "예리한 칼"("말씀")로 물리치실 것이다. **『주의 오른편에 계신 주께서 그의 진노의 날에 왕들을 쳐부수시리라. 그가 이방 가운데서 심판하실 것이요, 시체들로 그곳들을 가득 채우시며 여러 나라의 머리들을 상하게 하시리라』**(시 110:5,6). 이 전쟁은 단 하루 만에 종료되고, 예수 그리스도께서는 "진노의 포도즙틀"을 밟으심으로써 심판을 이루실 것이다. 두 진영의 군대가 맞부딪치는 전쟁은 24시간 내에 끝남으로써 주 예수 그리스도의 결정적인 승리가 될 것이다. 지상의 군대와 주 예수 그리스도의 초자연적인 군대 간의 전쟁이 온전히 전개될 여지가 없다.

아마겟돈 전쟁이 끝나면 하늘의 새들이 와서 죽은 자들의 살을 먹으며 "위대하신 하나님의 만찬"에 참여하게 된다(계 19:17-19,21). **『어디든지 시체가 있는 곳에는 독수리도 함께 모이느니라.』**(눅 17:37)라는 말씀은 아마겟돈 전쟁에 대한 예언이다(겔 39:4, 습 1:7,8; 2:14). 짐승(적그리스도)과 거짓 선지자는 산 채로 잡혀서 "불못"(마 25:41)에 던져지고(계 19:20), 사탄은 큰 쇠사슬에 묶인 채 "끝없이 깊은 구렁"에 천 년 동안 갇혀 있게 된다(계 20:1-3).

아마겟돈 전쟁에 등장할 "곡"(겔 39장)

『그러므로 너 인자야, 곡에게 예언하여 말하라. 주 **하나님**이 이같이 말하노라. 보라, 오 메섹과 투발 왕 곡아, 내가 너를 대적하노라』(겔 39:1).

성경에는 "곡"이라 불리는 독특한 인물이 등장하는데, 에스겔 39장에서는 이 "곡"이 아마겟돈 전쟁과 관련이 있다. "곡"은 에스겔 39:3에서 "적그리스도"임이 계시된다. 『**내가 네 왼손에서 네 활을 쳐서 네 오른손에서 화살들이 떨어지게 하리라.**』 곡의 왼손에 들린 "활"은 적그리스도와 관련 있는 무기로서, 요한계시록 6:1,2에서 『**어린양**』께서 첫째 봉인을 여실 때 이 활을 든 적그리스도가 출현한다. 『**내가 보니, 보라, 흰 말 한 마리가 있는데 그 위에 탄 자가 활을 가졌더라. 그에게 한 면류관이 주어졌고 그는 나가서 정복하고 정복하려 하더라.**』 요한계시록 6장의 "흰 말 탄 자"는 19장의 예수 그리스도가 아니라 적그리스도이다. 왜냐하면 6장의 흰 말 탄 자는 "활"과 "한 면류관"과 뒤따르는 "사망과 지옥"을 특징으로 하는 반면, 19장의 흰 말 타신 예수 그리스도께서는 그분의 입에서 나오는 "예리한 칼"과 "많은 왕관"과 뒤따르는 "하늘에 있는 군대들"을 특징으로 하시기 때문이다.

"곡과의 전쟁"과 "아마겟돈 전쟁"이 일치한다는 것은 그 전쟁 끝에 "새들"에게 베풀어지는 "하나님의 만찬"을 통해서도 확인할 수 있다. 『**네가 이스라엘의 산들 위에 쓰러지리니 너와 너의 온 부대와 너와 함께한 백성들이라. 내가 너를 몹시 굶주린 각종 새들과 들의 짐승들에게 주어 삼키게 하리라**』(겔 39:4, cf. 계 19:17,18, 마 24:28, 눅 17:37). 아마겟돈 전쟁은 "주님을 기다려 온 새들"에게(시 104:27-29, 롬 8:22,23) 가장 먼저 잔치를 베풀어 주시는 자리가 될 것이다. **『너 인자야, 주 하나님이 이같이 말하노라. 너는 모든 깃 달린 새와 들의 모든 짐승들에게 이르라. 모여 오라. 내가 너희를 위하여 베푸는 나의 제물, 즉 이스라엘의 산들 위에서 베푸는 큰 제물 사면에 모여서 너희는 살을 먹고 피를 마실지어다』**(겔 39:17). 이스라엘 민족이 2억이나 되는 곡의 기병대를 매장하는 데에는 "일곱 달"이 걸릴 것이고, 그 일이 전 세계에 알려져서 주 하나님께서 영광을 받으실 것이다(겔 39:12,13).

곡과의 전쟁(아마겟돈 전쟁)이 끝나면 "이스라엘"과 "이방 민족들"에게 각각 깨달음이 있게 된다. **『그리하여 내가 나의 거룩한 이름을 내 백성 이스라엘 가운데 알게 할 것이요, 또 그들로 나의 거룩한 이름을 더 이상 더럽히지 못하게 하리니 이방으로 내가 주, 곧 이스라엘에 계신 거룩한 분임을 알게 하리라』**(겔 39:7). 아마겟돈 전쟁이 끝나면, 지난 2천 년 교회시대 동안 하나님을 잊어 버렸던 이스라엘 민족이 주 하나님의 거룩한 이름을 알게 되어 더 이상 그분의 이름을 더럽히지 않을 것이다(렘 31:33,34). **『그러므로 주 하나님이 이같이 말하노라. 이제 내가 다시 야곱의 사로잡힌 자를 데려오고 이스라엘의 온 집 위에 자비를 베풀 것이며 나의 거룩한 이름을 위하여 질투하리라... 내가 더 이상 그들로부터 내 얼굴을 숨기지 아니하리니 이는 내가 나의 영을 이스라엘 집 위에 부었음이라. 주 하나님이 말하노라』**(겔 39:25,29). 아마겟돈 전쟁을 겪은 이방 민족들은 이스라엘의 하나님께서 **『주』**요 **『이스라엘에 계신 거룩한 분』**이심을 알게 될 것이다. **민족들은 예루살렘에 율법을 배우러 올라올 것이고**(사 2:2,3) **또한 이스라엘을 섬길 것인데, 그때 이스라엘을 섬기지 않는 민족들은 완전히 황폐하게 될 것이다**(사 60:10-12). **『너를 괴롭혔던 그들의 아들들도 몸을 굽혀 네게로 나올 것이며, 너를 멸시했던 모든 자들도 다 네 발 아래 엎드릴 것이요, 그들이 너를 '주의 도성'이라, '이스라엘의 거룩하신 분의 시온'이라 부르리라』**(사 60:14).

천년왕국 끝에 있을 "곡과 마곡의 전쟁"

『그 천 년이 끝나면 사탄이 그의 감옥에서 풀려나, 땅의 사방에 있는 민족들, 곧 곡과 마곡을 미혹하려고 나가서 그들을 함께 모아 전쟁을 일으키리니 그 수가 바다의 모래 같으리라. 그들이 땅의 넓은 데로 올라가서 성도들의 진영과 사랑하시는 도성을 포위하니, 하늘에서 불이 하나님께로부터 내려와 그들을 삼켜 버리더라. 그들을 미혹하던 마귀가 불과 유황 못에 던져지니 그곳에는 그 짐승과 거짓 선지자도 있어 영원무궁토록 밤낮 고통을 받으리라』(계 20:7-10).

사탄이 천 년 후에 끝없이 깊은 구렁에서 잠시 풀려나면 세상은 다시 한 번 미혹되어 주님을 대적해서 전쟁을 일으킬 것인데, 이것이 바로 "곡과 마곡의 전쟁"이다(겔 38장). 『**인자야, 너는 곡과, 마곡 땅과, 메섹과 투발의 최고 통치자를 대적하여 네 얼굴을 두고 그에 대하여 예언하여 말하라. 주 하나님이 이같이 말하노라. 보라, 오 메섹과 투발의 최고 통치자 곡아, 내가 너를 대적하노라**』(겔 38:2,3). 여기서 『**곡**』은 왕을 가리키고, 『**마곡**』은 그의 나라를 뜻한다. 요한계시록 12:9에서 『**온 세상을 미혹하던 자**』라고 불리는 사탄은 천년왕국 끝에서도 땅의 사방에 있는 민족들, 곧 곡과 마곡을 미혹하여 전쟁을 일으킨다(계 20:8). 요한계시록에서는 『**곡과 마곡**』을 "민족들"이라고 표현하고 에스겔에서는 『**곡**』만을 통치자라고 표현하기 때문에, 『**곡과 마곡**』은 『**땅의 사방에 있는 민족들**』을 대표할 어떤 한 인물을 나타내는 것으로 볼 수 있다.

천년왕국 끝에 사탄의 편에 가담하는 자들이 누구일까? "첫 번째 부활에 참여한 성도들"(계 20:5,6), 곧 "구약 성도들"과 "신약 성도들"과 "환란 성도들"을 제외한 나머지 사람들은 비록 그들이 천년왕국에 들어간다 할지라도 여전히 "**아담의 타락한 본성**"을 가지고 있게 된다. 말하자면 그들 중 사탄에게 미혹되어 하나님께 반역하는 무리가 상당수 있게 되는 것이다(시 2:9-12; 66:7; 72:8,9; 110:2). 『**내 혼으로 내가 밤에 주를 사모하였으며, 정녕, 내 안에 있는 내 영으로 내가 일찍 주를 찾으리니, 이는 그때에 주의 공의가 땅에 있으며, 세상의 거민들이 의를 배울 것임이니이다. 악인으로 은총을 보게 하소서. 그래도 그가 의를 배우지 아니하리니, 그가 정직한 땅에서 공의롭지 않게 행하며 주의 위엄을 보지 아니하리이다**』(사 26:9,10).

인류 최후의 전쟁에서 곡과 마곡은 "러시아"와 관련이 있다(겔 38장). 즉 "러시아"(겔 38:2,3)는 북방 세력들을 규합해서(겔 38:5,6) "이스라엘"을 공격해 들어올 것이다(겔 38:8). 그들은 이스라엘이 "안전하게 거하는 날"(겔 38:8,14,15), 곧 "**천년왕국 끝 무렵에**"(계 20:7-9) 공격해 올 것이다. 그들은 "**대규모의 비행편대**"를 이끌고 폭풍같이 올라올 것이고(겔 38:9), 이 막강한 공군력의 지원 속에 "기마 부대"도 함께 쳐들어올 것이다(겔 38:4,15). 사탄과 그의 막강한 군대가 성도들의 진영과 하나님께서 사랑하시는 도성을 포위할 테지만, 그때 하나님께로부터 하늘에서 불이 내려와 그들을 삼켜 버릴 것이다. 『**땅의 사방에 있는 민족들, 곧 곡과 마곡을 미혹하려고 나가서 그들을 함께 모아 전쟁을 일으키리니 그 수가 바다의 모래 같으리라. 그들이 땅의 넓은 데로 올라가서 성도들의 진영과 사랑하시는 도성을 포위하니, 하늘에서 불이 하나님께로부터 내려와 그들을 삼켜 버리더라**』(계 20:8,9). 『**또 내가 전염병과 피로 그를 대적하여 항변할 것이요, 내가 그와 그의 부대와 그와 함께한 많은 백성들 위에 비를 내리리니 범람한 비와 큰 우박과 불과 유황으로 내리리라. 내가 이같이 나 자신을 높이고 나 자신을 거룩케 하여 많은 민족들의 눈에 나를 알게 하리니 그들은 내가 주인 줄 알리라**』(겔 38:22,23). 이로써 인류 최후의 전쟁은 종결되고, 사람들을 미혹하던 사탄은 불과 유황 못에 던져져서 영원무궁토록 밤낮 고통을 받게 된다(계 20:10).

『내가 너와 여자 사이에, 또 네 씨와 그녀의 씨 사이에 적의를 두리니, 그녀의 씨는 너의 머리를 부술 것이요, 너는 그의 발꿈치를 부술 것이라』(창 3:15). 창세기에서 최초로 선포된 마귀와의 전쟁은 요한계시록 20장의 최후의 전쟁으로 끝이 난다. 십자가의 죽음과 부활로 죽음의 세력을 가진 자, 곧 마귀를 패배시키신 주 예수 그리스도께서는 재림 때 사탄을 끝없이 깊은 구렁에 가둬 놓으신 뒤 천년왕국 끝에 그를 잠시 풀려나게 하여 그에게 동조하는 세력들과 함께 일순간에 끝장을 내버리신다. 창세기 3:15에서의 전쟁 선포는 마귀를 대상으로 하나님께서 하신 것이었고, 하나님께서는 그 전쟁을 결국 승리로 마감하시는 것이다. 전쟁은 죄로 저주받고 마귀를 섬겨 온 지난 6천 년 인류 역사의 본질이었으며, 요한계시록 20장에서 일어날 최후의 전쟁을 끝으로 결코 발생하지 않을 것이다. 그야말로 "**완전한 평화**"가 영원 세계에 깃들게 된다(계 21,22장). 새 하늘과 새 땅의 영원 세계에서는 더 이상 저주가 없을 것이고(계 22:3), 창세기 3장에서부터 있게 된 죄의 저주와 아담의 타락한 본성이 제거되고 "**완전한 평화**"가 임할 것이다.

■ 새롭게 깨달았거나 적용할 내용이 있다면 적어 보세요. ■

제6과
복습문제

1. 아마겟돈 전쟁은 천년왕국 (전 , 후)에 있다.

2. 인류 최후의 전쟁에서 곡과 마곡은 (미국 , 러시아)와 관련이 있다.

3. 인류 최후의 전쟁은 이스라엘이 "안전하게 거하는 날", 곧 "(　　　　) 끝 무렵에" 있을 것이다.

4. 성도들의 진영과 하나님께서 사랑하시는 도성을 포위할 사탄의 무리는 하늘에서 내려온 (　　　)로 삼켜 질 것이다.

5. 창세기 (　:　)에서 최초로 선포된 마귀와의 전쟁은 요한계시록 20장의 최후의 전쟁으로 끝이 난다.

■ 복습 문제의 정답은 홈페이지(www.solomonbtc.org)에서 확인할 수 있습니다.

NOTES

복습 문제 정답

제3과

1. O
2. 낙담(낙심)
3. O
4. X
5. O

제4과

1. X
2. 모독
3. 의로운 자들
4. 만들어지는
5. 대비하라
6. 만군의 **주**의 이름

제5과

1. 산헤립
2. 이사야
3. 다윗
4. 신뢰, 밀착
5. 십팔만 오천

제6과

1. 전
2. 러시아
3. 천년왕국
4. 불
5. 3:15

< 추 천 도 서 >

출애굽기

피터 S. 럭크만 지음 / 502쪽

20,000원(eBook 14,000원)

출애굽기는 성경을 공부하려고 하는 그리스도인이 반드시 알아야 하는 책이다. 특히나 성경을 성경으로 비교했기에, 이전에는 모호했던 성경의 내용들이 분명해 진다.

여호수아

피터 S. 럭크만 지음 / 586쪽

30,000원(eBook 21,000원)

여호수아서의 핵심 주제는 "전쟁"이다. 그리스도인들에게 물리적으로 적용될 수는 없지만, 영적 전쟁을 보여 주는 그림으로서 중요한 영적 교훈들을 제시한다.

성경지도

편집부 지음 / 112쪽 / 15,000원

이 책 한 권으로 성경의 지리들을 이해함과 동시에, 구약과 신약에 있어 개론적으로 알아야 할 모든 것들을 이해할 수 있게 된다.

죽음의 재 같은 땅 이스라엘

피터 S. 럭크만 지음 / 520쪽

25,000원(eBook 17,500원)

역사적으로 가장 수난을 많이 당한 민족임에도 불구하고 여전히 인류 역사의 중심인 이스라엘의 모든 것들을 제시한다.

솔로몬 성경공부 시리즈

성경에 등장하는 전쟁의 역사 Ⅱ

초판인쇄 2023년 12월 7일
초판발행 2023년 12월 8일
지 은 이 / 편 집 부
발 행 인 / 박 승 용
발 행 처 / 말씀보존학회
출판등록 / 제409-2022-000036호
주 소 / 서울 강서우체국 사서함 제90호
전 화 / (02) 2665 - 3743
팩 스 / (02) 2665 - 3302
인 터 넷 / www.biblemaster.co.kr
판권소유 / 말씀보존학회

잘못된 책은 바꿔 드립니다.

값 10,000 원